Sportschießen

sport
ht

Kleinkaliber, Liegend-Anschlag

Sportschießen

Von Dr. Georg Zakrajsek

Humboldt-Taschenbuchverlag

humboldt-taschenbuch 300
Umschlaggrafik: Christa Manner
Umschlagfotos: Bernhard Angerer, Wien.

Die Innenabbildungen wurden uns freundlicherweise zur Verfügung gestellt von den Firmen Anschütz, Dynamit-Nobel, Feinwerkbau, Hämmerli, Ruger, Smith & Wesson und Walther.

Weitere Fotos: Camillo Lehle (München), Max Mühlberger (München), Hanni Turner (Wien), Dr. Georg Zakrajsek (Wien).

Druck: Presse-Druck, Augsburg
Printed in Germany
ISBN 3-581-66300-7

Inhalt

Vorwort

Jemand, der sich dem sportlichen Schießen erst zuwenden will, steht vor einer verwirrenden Vielfalt an Wettbewerben und Waffen. Der Bereich des Schießens umspannt so gegensätzliche Disziplinen wie Kleinkaliberschießen und Schnellfeuerpistole und reicht von der Wurftaubenflinte bis zur Armbrust.
Auch Leuten, die ihr ganzes Leben diesem Sport gewidmet haben, ist es nicht möglich, alle Arten des sportlichen Schießens auszuüben, geschweige denn zu beherrschen. Viele gute und interessierte Schützen beschränken sich auf die von ihnen gewählte Disziplin und kennen weder Regeln noch Waffen anderer Wettbewerbe.
Die Probleme des Schießneulings liegen daher weniger darin, daß er nicht schießen kann, sondern darin, daß er nicht weiß, womit er schießen soll.
Leider wird die Wahl des Schützen in den meisten Fällen weniger von seinen Fähigkeiten und Neigungen bestimmt. Sehr oft entscheidet der Zufall oder der Umstand, welche Waffe der Anfänger zuerst in die Hand gedrückt bekommt, über sein schießsportliches Schicksal. Hat sich aber ein Schütze einmal auf eine bestimmte Disziplin festgelegt, kommt er nur sehr schwer davon los, auch dann nicht, wenn er feststellen muß, daß er für eine andere Schießsportart besser geeignet wäre. Nur wenige Schützen haben das Herz, all das, was sie an Zeit und Geld investiert haben, sausen zu lassen und nochmals neu zu beginnen.
Auch der Rat oder die Empfehlungen anderer Schützen sind keine geeignete Entscheidungshilfe. Jeder begeisterte Schütze bevorzugt irgendeine Art des Schießens ganz besonders und wird bei allem Bemühen um Objektivität seine Idealvorstellung vom Schießen vermitteln wollen.
Aus diesem Grund wurde dieses Buch geschrieben, um jeden, der sich für das Schießen interessiert, darüber zu informieren, was zu diesem Sport gehört, welche Charakteristiken die einzelnen Disziplinen haben und welche Anforderungen an den Sportler gestellt

werden. Ich maße mir natürlich nicht an, ein Muster an Objektivität zu sein, auch ich habe Vorlieben und Ideale. Ich hoffe nur, daß dies in einem Buch nicht so deutlich zum Ausdruck kommen wird wie am Schießstand.
Der Versuch, eine ziemlich vollständige Darstellung des Sportschießens zu geben, hat einen Pferdefuß. So wird der Leser die ausführliche Darstellung ballistischer und technischer Probleme vergeblich suchen, sofern diese nicht für den sportlichen Zweck von Bedeutung sind. Zum Ausgleich dafür wurden die schießtechnischen Abschnitte so angelegt, daß der Leser auch ohne fremde Hilfe das Schießen erlernen könnte – in der Praxis möchte ich dies jedoch niemandem empfehlen. Abgesehen davon, daß man zum Schießen außer Waffe und Munition auch noch einen Schießstand braucht, also schon aus diesem Grund auf einen Verein angewiesen sein wird, ist jeder Anfänger gut beraten, wenn er sich, bevor der erste Schuß kracht, innerhalb eines Schützenvereins den ganzen Betrieb, das ganze «Um und Auf» des sportlichen Schießens ansieht.
Das Bemühen der Vereine um neue Mitglieder soll sich der Schießsportbegeisterte ruhig zunutze machen. Die Vereine sind nämlich gerne bereit, jedem, der ernstlich Interesse hat, Waffen zu leihen, Übungsmöglichkeiten zu verschaffen und den Anfänger im richtigen und vor allem sicheren Umgang mit der Waffe zu schulen. Hier kann man auch die verschiedenen schießsportlichen Disziplinen kennenlernen, die dazugehörigen Waffen ausprobieren und seine Begabungen testen. Der Anfänger wird das Schießen natürlich auch viel schneller und leichter erlernen, wenn er von anderen Schützen oder gar von einem Schießlehrer instruiert wird.

Nun noch einige Hinweise zum Inhalt des Buches:
Die hier wiedergegebenen Regeln sind entweder UIT-(Union Internationale de Tir) oder FITA- (Féderation Internationale de Tir à l'Arc) Regeln, die bei Weltmeisterschaften oder bei Olympischen Spielen zur Anwendung kommen. In nationalen Wettbewerben, bei Vereinsmeisterschaften oder zur Erlangung des Leistungsabzeichens werden diese Regeln abgewandelt, und es wird teilweise mit geringerer Schußzahl geschossen. Diese Regeln unterliegen außerdem ständiger Veränderung, weil eben das Sportschießen ein sehr lebendiger Sport ist, so daß sich der Schütze, der an einem Wettkampf teilnehmen will, nicht nur auf das Buch verlassen darf, sondern sich vorher auch nach den geltenden Regeln erkundigen muß. Nichts ist unangenehmer, als trotz guter Ergebnisse wegen Kleinigkeiten disqualifiziert zu werden.
Alle Anweisungen und Ratschläge, die dem Schützen hier gegeben

werden, gelten für Rechtshänder; für Linkshänder spiegelverkehrt. Leider sind auch alle Waffen primär für die Bedienung mit der rechten Hand und zum Schießen für Rechtshänder eingerichtet. Eigene Linkssysteme, die manche verständnisvolle Firmen liefern, strafen den Linkshänder durch höhere Preise. Ich kenne aber viele Linkshänder, die sich deswegen entschlossen haben, beim Schießen Rechtshänder zu werden, und die sehr gute Leistungen erreichen, weil Linkshänder mit ihrer Rechten oft viel geschickter sind als Rechtshänder mit der Linken.
Jeder, der eine Fertigkeit aus einem Buch lernen will, sollte bereit sein, alles, was er vorgesetzt bekommt, einer kritischen Wertung und eigener Erprobung zu unterziehen. Ganz besonders gilt dies für das Schießen, wo es mehr als bei jedem anderen Sport auf die Individualität und die Persönlichkeit des Sportlers ankommt. Ich rate daher, alles, was in diesem Buch geschrieben steht, unter diesem Aspekt zu betrachten und nie die eigene Erfahrung und die eigene Initiative zu unterdrücken. Nur bei einem Kapitel darf es keine Kompromisse geben: bei der Sicherheit. Schlecht zu schießen ist keine Schande, aber schießen ohne Sicherheit kann tödlich sein.

Die Waffe als Sportgerät

Die Waffe ist kein Sportgerät wie jedes andere. Jedenfalls kann ich mir nicht vorstellen, daß es bei einem Buch über irgendeine andere Sportart nötig gewesen wäre, ein Kapitel voranzustellen, mit dem das Sportgerät und damit auch der jeweilige Sport sozusagen gerechtfertigt werden muß.

Das sportliche Schießen nimmt hier aber eine Ausnahmestellung ein, und man kann nicht darauf verzichten, sich Gedanken darüber zu machen, warum gerade dieser Sport so vielen Mißverständnissen und Vorurteilen ausgesetzt ist. Was ist wohl die Ursache für diese sonderbare und feindselige Einstellung dem Schießen gegenüber? Dieser Sport ist weder gesundheitsschädlich noch gefährlich (sehr im Gegensatz zu vielen beliebten Volkssportarten); die sportlichen Regeln sind vernünftig und fördern die objektive Beurteilung der Leistung des Sportlers; das sportliche Geschehen wird nicht durch Schiedsrichterskandale oder Bestechungsaffären gestört; der Schütze läuft kaum Gefahr, wegen Überbeanspruchungen zum Sportkrüppel zu werden und ist auch nicht den Versuchungen des heutigen Profibetriebes ausgesetzt. So betrachtet, scheint doch das Sportschießen der ideale Sport schlechthin zu sein – also erst recht kein Grund, die Aversion vieler Menschen gegen das Schießen zu erklären.

Alle Emotionen, die gegen das Schießen und gegen den Schützen bestehen, haben ihre Ursache eindeutig im Sportgerät «Waffe», denn die Waffe selbst wird als schlecht und verderblich für die menschliche Gesellschaft angesehen. Eigenartigerweise stört hier der Gedankenfehler, ein Produkt aus Menschenhand mit einem selbständigen Charakter auszustatten, niemanden.

Selbst Leute, die es besser wissen müßten, vergessen, daß nicht die Waffe tötet, sondern der Mensch, der sie bedient; daß nicht die Waffe an sich schlecht sein kann, sondern nur ihre mißbräuchliche Verwendung.

Ich habe natürlich Verständnis dafür, daß man gerade in unserer Zeit nicht ganz leicht ein objektives und wissenschaftliches Verhältnis zur Waffe finden kann und die Tatsache, daß die Waffe mit der Entwicklung des Menschen untrennbar verbunden ist, nicht wahrhaben möchte. Denn gerade unsere Zeit hat Waffen hervorgebracht, deren Zerstörungskraft über jedes Vorstellungsvermögen hinausgeht. Diese Waffen, die ja keine Waffen im ursprünglichen Sinn mehr sind, sondern auf den Menschen angewendete «Vertilgungsmittel», führen zu dieser schwer zu bestimmenden Angst vor allem, was schießt. Wenn der Mensch schon nicht in der Lage ist, den Staaten die Herstellung und Lagerung von Wasserstoffbomben zu verbieten, so will er zumindest den Revolver aus der Nachttischschublade des Nachbarn verbannt wissen.

Aus diesem Grund werden auch die Erkenntnisse der Verhaltensforschung – die beweisen, daß der Mensch nur durch den Gebrauch der Waffe den Kampf ums Dasein gewinnen konnte, und die Waffe ein notwendiges Attribut des Menschen darstellt – mit ähnlichem Unbehagen betrachtet wie früher die wenig schmeichelhafte Feststellung Darwins, daß der Mensch mit dem Affen verwandt sei. An die Verwandtschaft mit den Affen haben wir uns inzwischen schon gewöhnt – ob wir aber je eine vernünftige Einstellung zur Waffe finden können? Man sollte ohne Emotion feststellen: Die Existenz der Menschheit beruht auf der Waffe!

Steht aber nicht die Verwendung eines Sportgeräts, das gleichzeitig und hauptsächlich dazu bestimmt ist, Leben zu vernichten, mit dem Geist des Sports in Widerspruch? Ist nicht der Sport im Gegensatz zum Daseinskampf und Krieg friedlicher Wettstreit? Haben nicht während des Olympischen Friedens alle Waffen zu schweigen? Ich will hier bewußt Einwände, die sich im Zusammenhang mit dem Olympischen Frieden geradezu aufdrängen, weglassen.

Die Vorstellung davon, was Sport wirklich ist oder sein sollte, entfernt sich interessanterweise in dem Maße von der Realität, in dem sich auch der Sport von jener ursprünglichen Form entfernt. Je gefährlicher und gesundheitsschädlicher der Leistungssport wird, desto heftiger wird auch die Bedeutung des Sports für die Gesundheit des Menschen herausgestrichen; je mehr der Spitzensportler zum gutbezahlten Artisten wird, desto mehr verlangt man auch vom Sport idealistische Wertfreiheit; und je mehr der Sport als politisches Druckmittel und nationale Propaganda eingesetzt wird, desto leichter begeistert man sich an der völkerverbindenden Kraft des Sports. Derselbe Mechanismus wirkt aber auch, wenn man nur Sportgeräte zulassen möchte, die sozusagen den Amateurstatus erfüllen – also möglichst wenig an die Vergangenheit des Sports, als jedes Sportgerät noch eine Waffe war, erinnern. Daß die klassischen Sportgeräte, wie Speer, Diskus, Kugel, nichts anderes als Waffen sind, erregt zwar heute keinen Anstoß, weil diese Geräte kaum mehr zum Töten gebraucht werden. Man darf dabei aber nicht außer acht lassen, daß die Griechen an diesen Sportgeräten auch zu einer Zeit nichts auszusetzen hatten, als der Speer noch zur Standardausrüstung jedes Kämpfers gehörte.

Ebenso wie der Mensch ohne Waffe nicht denkbar ist, genauso ist der Sport ein rein menschliches Vergnügen. Tiere treiben keinen Sport, sie kämpfen oder spielen. Daß aber der Mensch zwischen Kampf und Spiel noch den Sport kennt, ist einzig und allein auf die Verwendung von Waffen zurückzuführen. Das Tier beherrscht seine Waffen – Hörner, Zähne oder Klauen – aus Instinkt und spielerischer Übung; der Mensch kann aber die Fertigkeiten, die zur Handhabung der Waffe erforderlich sind, nicht instinktiv erwerben, weil die Waffe ja seine Erfindung und nicht ein Teil seines Körpers ist. Wenn man vom Gebrauch der Fäuste absieht, kann er das Kämpfen nicht im echten Kampf lernen, sondern muß die Kampfsituation im Kreise seiner Gefährten simulieren. Der ungeheure geistige, soziale, aber auch kulturelle Effekt, der aus diesem Umstand resultiert, wird heute nur selten erkannt. All das, was wir am Sport so schätzen, das Einhalten selbstgeschaffener Regeln, die Disziplin, die Fairness, aber vor allem Verantwortungsbewußtsein, finden wir im Schießsport wieder.

Diese sportlichen Verhaltensweisen mußten schon deswegen zwangsläufig parallel mit der Erfindung der Waffe ausgebildet werden, weil ja mit der Waffe in der Hand all die Verhaltensweisen, die sich beim unbewaffneten Menschen entwickelt hatten, nicht mehr gültig waren. Die Waffe löst also beim Menschen nicht nur die Fähigkeit zum Sport aus, sie stellt auch gleichzeitig seine instinktiven Mechanismen auf bewußtes und überlegtes soziales Verhalten um. Die Frage, die am Anfang des Kapitels steht, ob der Waffe überhaupt die Berechtigung zukommt, als Sportgerät zu gelten, kann daher nur mit der Gegenfrage beantwortet werden, ob mit einem Gerät, das seinem Wesen nach keine Waffe ist, Sport betrieben werden kann. Ich gehe sogar so weit, zu fragen, ob nicht das sportliche Schießen der einzig wahre und echte Sport ist, der uns in einer Zeit, die schon so viele Sportarten herabgewürdigt hat, geblieben ist.

Waffenkauf

Welche Waffe für welchen Zweck?

Je mehr ein Schütze von Waffen versteht, desto länger wird er vor dem Kauf überlegen, wofür er sein Geld ausgibt. Er wird Prospekte studieren, andere Schützen fragen, die in die engere Wahl gezogenen Waffen ausprobieren oder ausleihen und lange das Für und Wider erwägen, bevor er sich endlich entschließt. Im Vordergrund aller Überlegungen steht natürlich die Frage, wozu die Waffe verwendet werden soll, denn bei der heutigen Spezialisierung der Schießsport-Disziplinen wird sich der Schütze die Waffe kaufen, die ihm die größten Erfolgschancen bietet.
Schon aus diesem Grund sollte sich der Anfänger mit dem Waffenkauf Zeit lassen; denn schießen lernen kann man – wie ein späteres Kapitel zeigen wird – nicht mit einer Waffe, die im Wettkampf verwendet wird. Das viele Geld für ein teures Sportgerät ist vor allem dann umsonst ausgegeben, wenn der Schütze nach einiger Zeit erkennt, daß die von ihm gewählte Disziplin seinen Fähigkeiten und Anlagen nicht entspricht. Es ist daher weit besser, am Anfang mit einer geliehenen Waffe zu schießen und sich erst später, wenn man genügend Erfahrung und den richtigen Überblick gewonnen hat, die passende Waffe zu kaufen.
Diese weitgehende Spezialisierung hat zur Folge, daß es weder Universalwaffen noch Schützen gibt, die in mehreren schießsportlichen Disziplinen gleichzeitig gute Erfolge erzielen können. Damit sei aber nicht gesagt, daß man sich von vornherein nur mit einer einzigen Art des Schießens befassen soll. Viele Schützen bringen sich durch diese Voreiligkeit um mögliche Erfolge und werden nie wissen, wie gut sie in welcher Disziplin hätten sein können.
Bevor aber alle diese Probleme auf den Schützen zukommen, muß er einige Grundbegriffe über Waffen und Munition kennen. Bereits Eingeweihte werden daher gebeten, den nachfolgenden Abschnitt zu überschlagen.

Grundsätzliches über Waffen

Die Handfeuerwaffen werden nach Länge und Handhabung eingeteilt in:

1. Gewehre
Das sind *Langwaffen*, die mit beiden Händen bedient werden müssen und einen *Schaft* haben, mit dem die Waffe gegen die Schulter abgestützt wird.
Je nachdem, wie der *Lauf* des Gewehres beschaffen ist, sind die Gewehre entweder:

Laufquerschnitte

Polygon-Lauf *Züge-Lauf*

a) Büchsen mit gezogenem Lauf
Das Geschoß wird durch die im Lauf befindlichen Züge in Drehung versetzt. Diese Drehung stabilisiert das Geschoß während seines Fluges wie einen Kreisel, so daß es sich nicht überschlägt und äußeren Einflüssen wie Luftwiderstand, Seitenwind etc., besser widersteht. Diese Schußpräzision könnte ein Geschoß, aus glattem Lauf verschossen, niemals erreichen.
Bei dem hier in der Abbildung gezeigten Laufquerschnitt sieht man, daß zwischen den vertieften *Zügen* Laufteile *(Felder)* stehenbleiben, die sich in das Geschoß einpressen und an dem abgefeuerten Geschoß auch als Rillen erkennbar sind. Da die Züge korkenzieherartig durch den Lauf gehen, macht das Geschoß zwangsläufig die Drehbewegung mit. Die Strecke, die das Geschoß braucht, um sich einmal zu drehen, nennt man *Drallänge*. Sie ist ein Charakteristikum des Laufes und ballistisch auf das Kaliber abgestimmt.

Züge werden heute nur selten mehr «gezogen», sondern *gehämmert,* also nicht durch Spanabhebung aus dem Vollen herausgeschnitten, sondern durch Verdichtung des Laufmaterials erzeugt, was der Präzision zugute kommt.
Im Hämmerverfahren werden neuerdings auch sogenannte *Polygonläufe* hergestellt, bei denen die Funktion der Züge und Felder von einem Kurvenprofil übernommen wird. Der Vorteil dieses Laufes liegt in der besseren Gasabdichtung, geringeren Verschmutzung durch Pulver- und Geschoßrückstände und in der längeren Lebensdauer. Wahrscheinlich wird auch die Präzision des Laufes erhöht, keinesfalls ist sie schlechter. Ganz so neu sind allerdings Polygonläufe nicht. Diese Läufe hatten jedoch früher nie größere praktische Bedeutung. Sicher gehört dem Polygon die Zukunft. Nur wie schnell, kann niemand sagen.

b) Flinten mit glattem Lauf
haben keine Züge und sind zum Verschießen von Schrot bestimmt. Der Sportschütze nimmt Flinten zum Wurftaubenschießen, normalerweise solche mit zwei Läufen, aus denen rasch hintereinander und ohne Nachladen zwei Schüsse abgegeben werden können. Liegen die Läufe nebeneinander, nennt man die Flinte *Querflinte* oder einfach *Doppelflinte,* sind die Läufe übereinander angebracht, was die Sportschützen fast ausnahmslos bevorzugen, spricht man von einer *Bockdoppelflinte.* Diese Bezeichnung sollte aber niemanden dazu verleiten, einen Bock schießen zu wollen. Der Ausdruck kommt – wenn man Etymologen trauen darf – davon, daß die Waffen früher wegen ihres hohen Gewichtes zum Abfeuern auf einen Bock gelegt werden mußten. Einleuchtend ist auch die Erklärung, daß der obere auf den unteren Lauf «aufgebockt» ist.

2. Faustfeuerwaffen
sind *Kurzwaffen,* für die Bedienung und das Schießen mit einer Hand konstruiert. Faustfeuerwaffen haben einen gezogenen Lauf und werden nach ihrer Konstruktion eingeteilt in:

a) Pistolen,
die entweder *Einzellader* oder *Selbstladepistolen* sind (nähere Begriffsbestimmung folgt später) oder

b) Revolver,
bei denen eine Walze *Trommel* mehrere Patronen aufnimmt und bei jedem Schuß eine neue Patronenkammer vor den Lauf

gedreht werden muß (der Ausdruck Trommelrevolver ist daher ein Pleonasmus).

Vom Gesichtspunkt des *Ladevorgangs* (ohne Vorder- und Hinterlader zu unterscheiden) kennt man folgende Waffentypen:

1. Einzellader:
Jede Patrone wird mit der Hand zugeführt, manchmal muß die Patrone auch von Hand entfernt werden. Diese Art des Ladens ist bei sehr vielen Sportwaffen anzutreffen (Freie Pistole, KK-Büchse). Der *Verschluß* dieser Waffen kann auf drei verschiedene Arten ausgebildet sein:

a) Zylinderverschluß
Ein zylindrischer Kolben führt die Patrone in das Patronenlager ein und wird dann mit einem Hebel verriegelt (Mauserverschluß, bei KK-Büchsen).

b) Blockverschluß
Ein vertikal beweglicher Block verschließt in seiner obersten Stellung das Patronenlager (vielfach bei Freier Pistole).

c) Kipplaufverschluß
Zum Laden und Entladen werden die Läufe der Waffe abgekippt (vor allem bei Flinten anzutreffen).

2. Repetierwaffen
Die Waffe selbst enthält in einem *Magazin*, das entweder fest eingebaut ist oder zum Laden von der Waffe getrennt werden kann, einen Patronenvorrat. Durch das Betätigen des Verschlusses wird die im Patronenlager befindliche Patrone entfernt und der Verschluß (oder Hahn) wieder gespannt. Der Schütze hat dabei nur den Verschluß zu öffnen und wieder zu schließen, alle beschriebenen Funktionen vollziehen sich damit zwangsläufig, ohne daß zusätzliche Handgriffe notwendig sind.
Es gibt sehr viele Repetiersysteme, die aber hauptsächlich vom bekannten Mauser-Zylinderverschluß abgeleitet sind und, zumindest von außen betrachtet, kaum Unterschiede aufweisen.
Abweichend in der Konstruktion ist das Unterhebelrepetiersystem *(Lever action)* und das Vorderschaftrepetiersystem *(pump action)*, die jedoch für sportliche Waffen in Europa wenig Bedeutung haben. In den USA sind Unterhebel- und Vorderschaftrepetierer heute

noch immer sehr beliebt, weil man damit sehr schnell repetieren kann, ohne die Waffe aus dem Anschlag zu nehmen.
Zu den Repetiersystemen muß auch das *Revolversystem* gezählt werden, weil die Trommel oder Walze nicht nur Patronenlager ist, sondern auch gleichzeitig als Magazin dient. Wird der Hahn eines Revolvers gespannt, dreht sich auch die Trommel weiter und bringt die nächste Patronenkammer vor den Lauf. Muß der Hahn des Revolvers vor jedem Schuß mit dem Daumen gespannt werden, handelt es sich um einen *Single-Action*-Revolver (Revolver mit einfacher Bewegung); kann der Hahn auch mit dem Abzug gespannt werden, so handelt es sich um einen *Double-Action*-Revolver (doppelte Bewegung).

3. Selbstladewaffen

Bei diesen vollzieht sich der Repetiervorgang ohne Mitwirkung des Schützen durch die Ausnützung der Patronenenergie.
Ist eine Selbstladewaffe so konstruiert, daß sie schießt, solange der Abzug durchgezogen wird und Patronen im Magazin sind, wird sie als *vollautomatisch* oder *automatisch* bezeichnet. Zum Sportschießen werden solche Waffen nicht verwendet. Sie unterliegen dem Kriegswaffenkontrollgesetz und sind für den zivilen Gebrauch verboten.
Muß der Schütze nach jedem Schuß den Abzug neu betätigen, handelt es sich um eine *halbautomatische* Waffe. Im normalen Sprachgebrauch nennt man jede Selbstladewaffe *automatisch*, was aber nicht korrekt ist.
Bei den halbautomatischen Selbstladewaffen ist also ein Unterbrecher eingebaut, der den Hahn oder Schlagbolzen nach jedem Schuß fängt, so daß nicht mit Dauerfeuer geschossen werden kann. Allen hoffnungsvollen Bastlern, die ihre Selbstladewaffe in eine Maschinenpistole umbauen wollen, sei gesagt, daß, um die Zweckentfremdung solcher Waffen zu verhindern, noch weitere Vorkehrungen gegen diesen Umbau bestehen.
Von der Konstruktion her gibt es zwei Möglichkeiten, die Patronenenergie in nutzvolle Arbeit umzusetzen:.

Rückstoßlader:
Hier wird der Rückstoß, der auf den Boden der Patrone wirkt, dazu benutzt, den Verschluß zurückzuwerfen und den Repetiervorgang zu bewerkstelligen. Nach diesem System arbeiten die meisten Selbstladepistolen.

Gasdrucklader:
Der Lauf der Waffe ist vor der Mündung angebohrt; der aus diesem Loch entweichende Gasdruck wirkt nach entsprechender Umlenkung oder Übertragung auf den Verschluß. Waffen, die nach diesem System funktionieren, sind von der gleichmäßigen Leistung der Patrone weniger abhängig. Gasdrucklader findet man vor allem bei Militärwaffen (Sturmgewehre), Selbstlade-Jagdbüchsen und Selbstladeflinten.

Je nach Verschlußkonstruktion trifft man bei den Selbstladewaffen noch die Unterscheidung in Waffen mit:

Masseverschluß:
Der Verschluß hat hier keine eigene Verriegelung, sondern hält der Rückstoßenergie aufgrund seiner großen Masse stand und bewegt sich erst dann, wenn das Geschoß den Lauf verlassen hat. Der Masseverschluß reicht nur bei schwächeren Patronen aus (bis zur .38 spec.).

Verriegelter Verschluß:
Lauf und Verschluß bleiben eine Zeitlang miteinander verbunden und lösen sich erst dann voneinander, wenn das Geschoß den Lauf verlassen hat. Mit dieser Verschlußart können auch stärkere Patronen in Selbstladewaffen beherrscht werden.

Grundsätzlich werden Selbstladewaffen im Schießsport nur dann verwendet, wenn es auf sehr schnelle Schußfolge ankommt (etwa *Schnellfeuerpistolen)*; der Einzellader ist, was die Präzision betrifft, dem Mehrlader überlegen.

Vorstehende Aufstellung ist insofern unvollständig, als rein jagdliche Waffen nicht aufgenommen wurden.

Kaliber

Die Bezeichnung des Kalibers einer Waffe entspricht auch gleichzeitig der Patronenbezeichnung. Unter Kaliber versteht man in erster Linie den Laufinnendurchmesser bzw. den Geschoßdurchmesser. Leider herrscht auf dem Gebiet der Kaliberbezeichnungen noch die große babylonische Sprachverwirrung. Ansätze zur Normung sind bei uns in Europa zu sehen, wo normalerweise das Kaliber durch zwei Zahlen, von denen die erste den Geschoßdurchmesser, die zweite die Hülsenlänge bezeichnet, angegeben wird. So hat etwa eine Patrone vom Kaliber 7 x 64 7 mm Geschoßdurchmesser und 64

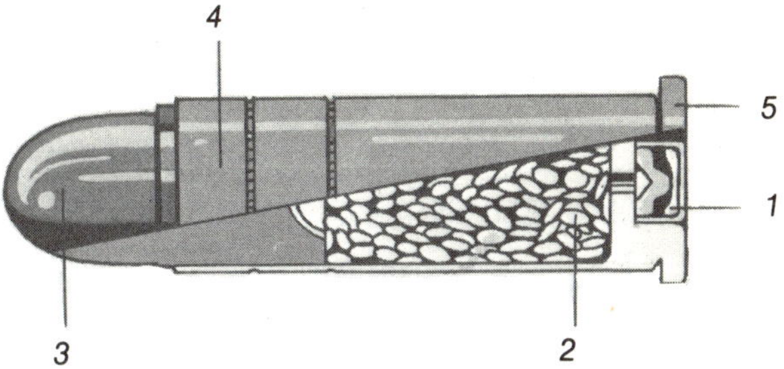

Schnitt durch eine Zentralfeuerpatrone. (1) Zündhütchen (Boxer- oder Amboßzündung), (2) Pulverladung, (3) Geschoß, (4) Messinghülse, (5) Hülsenboden (Hülse mit Rand)

mm Hülsenlänge. Darüber hinaus gibt es alle möglichen Zusätze, wobei z. B. «R» Hülse mit Rand oder «mag» Magnum bedeutet. Oft werden auch Markennamen angefügt, wenn diese für die Patrone irgendwie charakteristisch sind: Rem(ington), Win(chester), Vom Hofe, Holland & Holland (H&H) und ähnliches.

In Amerika und England ist man bis jetzt zumindest bei den Patronen dem *Zollsystem* treugeblieben. Weil aber sehr viele Patronen aus Amerika kommen, hat dies auch für uns sehr große Bedeutung. Der Geschoßdurchmesser wird in hundertstel oder in tausendstel Zoll angegeben, also z.B. 0,38“ oder 0,357“, wobei dann sowohl die Null als auch der Punkt weggelassen werden. Pikanterweise ist dabei Kal. .38 keineswegs 0,38 Zoll, sondern 0,357 Zoll, also ca. 9 mm. Die Amerikaner haben außerdem die Angewohnheit, die Patronen mit Phantasienamen (Hornet, Jet usw.) oder mit historisch bedingten Zusätzen zu versehen, die natürlich eine Standardisierung erschweren.

Nachfolgend nun die gebräuchlichsten Sportpatronen, wobei in der ersten Spalte das *Zoll-* und in der zweiten Spalte das *metrische System* angeführt ist. Patronen, die in einem der beiden Systeme keine Bezeichnung haben, sind auch nur in einer Spalte angeführt.

Randfeuerpatronen, also solche, deren Zündung am Rande der Hülse erfolgt, sind besonders gekennzeichnet, alle anderen sind *Zentralfeuerpatronen*.

Zoll	*mm*	*Bemerkungen*
.22 short kurz	5,6	Kurze KK(Kleinkaliber-)-Patrone, vorzugsweise für den Pistolen-Schnellfeuerbewerb, besonders rückstoßarm, Randfeuer.
.22 lr (long rifle)	5,6	KK-Patrone für die meisten sportlichen Wettbewerbe, Randfeuer;
.22 lfB (lang für Büchsen)		beide Patronen sind auch in Hochgeschwindigkeitslaborierung (high speed) erhältlich.
.22 Z	5,6	Extraschwache Patrone für Übungszwecke («Zimmermunition»), keine Pulverladung, Geschoß wird nur durch die Zündung angetrieben, brauchbar bis ca. 10 m, Randfeuer.
.25 Auto	6,35	Pistolenpatrone ohne sportliche Bedeutung.
.32 Auto	7,65	Pistolenpatrone ohne sportliche Bedeutung.
.32		Seit einiger Zeit beliebte Patrone für Großkaliberpistolenbewerbe.
.380 Auto	9 mm kurz	Pistolenpatrone ohne sportliche Bedeutung.
	9 x 18	Neuentwickelte Pistolenpatrone für die Walther PP Super Polizeipistole.
	9 mm Para (Parabellum)	Verbreitete militärische Pistolenpatrone, relativ billig und leistungsstark, gut geeignet für Combatschießen.
.38 spec (special)		Sehr beliebte Revolverpatrone, in sehr vielen Laborierungen mit vielen Geschoßformen erhältlich.

.358 mag (magnum)		Revolverpatrone von hoher Leistung und Präzision, Geschoßkaliber gleich .38 spec. Alle Revolver, die .357 mag verschießen, sind auch für .38 spec geeignet, nie umgekehrt!
.41 mag		Ziemlich neue Revolverpatrone, als Mittelding zwischen .357 und .44 gedacht; keine große Verbreitung. Für diese Patrone werden nur wenige Waffen gebaut.
.44 mag		Stärkste Faustfeuerwaffenpatrone; Revolverpatrone mit deprimierendem Rückstoß und Knall, sehr hohe Leistung und Präzision, aber auch Kosten!
.45 ACP (Automatic Colt Pistol)		Patrone für Colt Government und ähnliche Pistolen, für das sportliche Präzisionsschießen zu grob. Sehr beliebt und erfolgreich in Combat-Wettbewerben.

Büchsenpatronen

.22 lr		Patrone für alle KK-Bewerbe, Randfeuer.
.22 Hornet		Beliebte Patrone für die jagdlichen Schießdisziplinen.
.222 Rem.		In den USA sehr beliebte Scheibenpatrone für die Distanzen 100 und 200 Yards.
.308 Win.	7,62 x 51	Militärpatrone der NATO-Staaten mit Ausnahme der USA, dadurch sehr weite Verbreitung, meistverwendete Patrone für das Großkalibergewehr.
	8,15 x 46 R	Patrone für das Scheibengewehr 100 m, traditionelle Schützenpatrone. R bedeutet, daß die Patrone einen Rand hat.

Einige Bedeutung hat noch das Kaliber 4 mm, vor allem bei der Verwendung in Zimmerstutzen und als Übungspatrone in Einsteckläufen und 4 mm-Waffen.

Schrotkaliber

Wer glaubt, daß schon alle Varianten der Kaliberbezeichnung erschöpft seien, der kann beim Schrot noch einiges dazulernen: Schrotkaliber werden in ganzen Zahlen ausgedrückt, also z. B. 12, 16, 20, 28, wobei aber paradoxerweise 12 das größte und 28 das kleinste Kaliber ist. Dies ist so zu erklären: Früher wurde das Kaliber mit der Zahl bezeichnet, die der Anzahl der Kugeln entsprach, die in Kalibergröße aus einem englischen Pfund Blei gegossen wurden – oder anders ausgedrückt: Kaliber 12 bedeutet, daß die Bleikugel, die genau in einen Lauf dieses Kalibers paßt, 1/12 Pfund wiegt, bei Kaliber 20 gehen 20 Kugeln von Kalibergröße auf ein englisches Pfund.

Im metrischen System bedeutet dies:

Kaliber 12 – 18,52 mm Lauf-Innendurchmesser
Kaliber 16 – 17,02 mm Lauf-Innendurchmesser
Kaliber 20 – 15,62 mm Lauf-Innendurchmesser

Sportlich, also für das Wurftaubenschießen, sind zwar alle Kaliber, höchstens jedoch Kal. 12 zugelassen, was in der Praxis bedeutet, daß durchweg nur Kal. 12 geschossen wird. Nach UIT-Norm dürfen Schrotpatronen nur 32 g Schrot enthalten, bei einem Schrotdurchmesser von 2,4 mm.
Der Vollständigkeit halber sei noch erwähnt, daß es auch ein Schrotkaliber 410 gibt, das aber keineswegs 410 Bleikugeln/Pfund entspricht, sondern ein Zollkaliber ist, also 0,410 Zoll mißt.
Auch bei der Schrotpatrone ist die Angabe der Hülsenlänge wichtig (65 mm, 67,5 mm, 70 mm, 76 mm). Kaliber 12/70 heißt daher, daß die Patrone vom Kaliber 12 eine Hülsenlänge von 70 mm hat. Der Schütze muß auf die Hülsenlänge besonders achten; denn wenn aus einer Waffe, die für eine Hülse von 65 mm (veraltet) eingerichtet ist, Patronen von 70 mm Länge verschossen werden, kann es zu Gasdrucksteigerungen kommen; diese werden bei schwach konstruierten Verschlüssen auch dem Schützen gefährlich.
Die Größe der in der Patrone befindlichen Schrote entspricht dem jeweiligen Verwendungszweck. Während der Jäger die Größe der Schrote nach dem zu bejagenden Wild wählt (je größer das einzelne Schrotkorn, desto größer die Durchschlagskraft und Reichweite, aber desto weniger Schrote in einer Patrone), ist der Schütze, wie schon erwähnt, durch die Regeln gebunden (Schrotgröße 2,4 – 2,5 mm). Bei den Schrotpatronen hat sich Plastik als Hülsenmaterial weitgehend durchgesetzt.

Schnitt durch eine Schrotpatrone. (1) Sternverschluß, (2) (4) Becherpfropfen, der die Schrote während des Fluges durch den Lauf zusammenhält und nach Verlassen des Laufes freigibt, (3) Schrote, (5) Boden des Pfropfens, (6) Pulverladung, (7) Zündhütchen, (8) Bodenkappe aus Messing

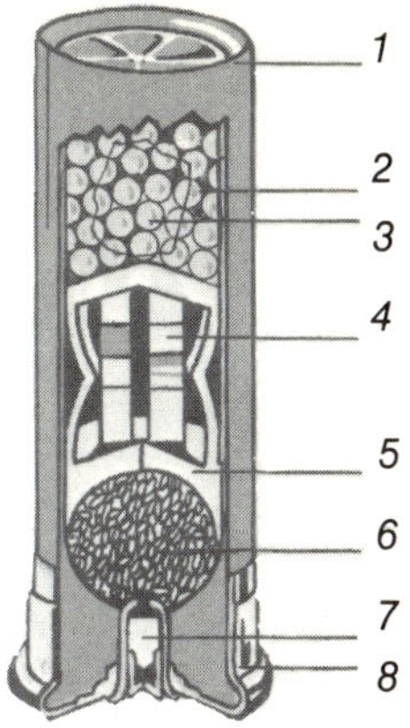

Etwas Ballistik

Für den Sportschützen haben ballistische Probleme sekundäre Bedeutung. Da stets auf gleiche Entfernung unter im wesentlichen gleichen Bedingungen geschossen wird, und die Leistung des Geschosses im Ziel nur insoweit interessant ist, als es in der Lage sein muß, ein Loch in die Scheibe zu stanzen, sind Rasanz, Geschoßform, Flugbahnerhöhung, Luftwiderstand für den Schützen nicht von der gleichen Wichtigkeit wie etwa für den Jäger. Der Sport-Schütze fordert von seiner Patrone vor allem stets gleichbleibende Präzision auf Wettkampfentfernung. Was das Geschoß 10 Meter vor oder hinter der Scheibe zu leisten imstande ist, kann völlig außer acht gelassen werden.

Unter diesen Gesichtspunkten wird daher das wenige, das nachfolgend angeführt ist, genügen.

Es darf als bekannt vorausgesetzt werden, daß ein Geschoß nach dem Verlassen des Laufes eine Kurve beschreibt, die einer Parabel ähnlich ist. Luftwiderstand und Erdanziehung bewirken, daß das Geschoß nach einer bestimmten Strecke zur Erde fällt. Ob nun diese ballistische Kurve stark gekrümmt oder flach ist, hängt von der Anfangsgeschwindigkeit des Geschosses, der Geschoßform und dem Geschoßgewicht ab. Je höher die Anfangsgeschwindigkeit und je geringer der Luftwiderstand des Geschosses, desto flacher (rasanter) wird die Flugbahn sein. Eine flache Flugbahn ist dann erstrebenswert, wenn auf stets wechselnde Entfernungen geschossen wird, weil dann der Schütze nicht so sehr darauf achten muß, daß das Geschoß vom Haltepunkt abfällt. Der Schütze aber, der genau weiß, daß er mit einer bestimmten Patrone und einer bestimmten Waffe nur auf eine bestimmte Entfernung (z. B. 50 m) zu schießen hat, kann ruhig eine weniger rasante Patrone wählen.

Die meisten sportlichen Patronen sind daher weniger auf Rasanz als auf Präzision ausgelegt, was in der relativ bescheidenen Mündungsgeschwindigkeit der üblichen Wettkampfpatronen seinen Ausdruck findet (.22 lr. je nach Lauflänge um 300 m/sec, .38 spec. etwa 250 m/sec).

Ähnliche Gesichtspunkte ergeben sich auch bei der Geschoßform. Die Kleinkaliberpatrone .22 lr. hat ein Bleirundkopfgeschoß, das nicht auf wenig Luftwiderstand, sondern auf Ausgewogenheit und Stabilität hin angelegt wurde.

Bei Zentralfeuerpatronen gibt es ein ausgesprochenes Scheibengeschoß (Wadcuttergeschoß), das eine ziemlich reine Zylinderform aufweist und schön runde Löcher in die Scheibe stanzt, die auch gut auszuwerten sind. Auch dieses Geschoß hat naturgemäß einen hohen Luftwiderstand und wird daher nur für sportliche Zwecke bis höchstens 25 m Entfernung verwendet.

Die ballistische Leistung einer Patrone kann der Schütze aus der sogenannten Schußtafel entnehmen, die Geschoßgeschwindigkeiten in verschiedenen Entfernungen von der Mündung (V_0 = *Mündungsgeschwindigkeit*, V_{100} = Geschwindigkeit in 100 m Entfernung usw.) sowie die *Auftreffwucht* E, ebenfalls in verschiedenen Entfernungen, enthält.

Die Auftreffwucht wurde bisher in m/kg (Produkt aus Geschwindigkeit und Geschoßgewicht) angegeben, neuerdings in der Maßeinheit Joule (1 J = 0,1 m/kg).

Aus der Schußtafel kann auch die ballistische Kurve ersehen werden, weil die Lage des Treffpunktes in verschiedenen Entfernungen angegeben ist.

Bei Benützen der Schußtafel muß der Schütze jedoch beachten, daß die Länge des Meßlaufes nicht immer der Länge des Laufes seiner Waffe entspricht – je kürzer der Lauf, um so geringer auch die Geschoßgeschwindigkeit, weil ja die Pulvergase nicht zur Gänze ausgenützt werden.

Pulver und Blei

Die heute verwendeten Pulversorten sind durchweg rauchlose Nitropulver, die gegenüber dem früheren Schwarzpulver die Vorteile von höherer Leistung, weniger Rauch und Verschmutzung, aber auch von weniger Aggressivität gegenüber dem Laufmaterial haben.

Es ist heute möglich, die *Abbrand*-Charakteristik des Pulvers sehr genau auf die zu erwartende Leistung der Patrone (unter Berücksichtigung von Hülsenform, Geschoßform und -gewicht sowie Lauflänge) abzustimmen, was aber andererseits wieder zur Folge hat, daß nicht jede Patrone aus jeder Waffe gleich gut schießt. Man spricht hier von *Innenballistik*.
Grundsätzlich verschieden sind die für Kugelpatronen und Schrotpatronen verwendeten Pulversorten. Die Büchsenpatrone ist mit *progressiv* abbrennendem Pulver geladen (die Energie wird zunächst langsam, dann schneller frei), während das Pulver bei der Schrotpatrone *offensiv* ist, d. h. viel schneller abbrennt. Die Schrotgarbe ist daher schon vor dem Verlassen der Laufmündung auf ihre Höchstgeschwindigkeit beschleunigt, weshalb die Lauflänge bei Schrotgewehren nicht dieselbe Rolle wie bei Büchsen spielt. Wichtig ist die Unterscheidung vor allem für den Wiederlader; denn Pulver, das für Schrotpatronen bestimmt ist, in Büchsenpatronen geladen, verursacht dort Drucksteigerungen, die die Waffe sprengen können.
Für den Sportschützen kommen in den meisten Fällen nur Patronen mit Bleigeschossen in Frage. Nicht nur die Wettkampfregeln, auch die meisten Schießstandvorschriften verbieten die Verwendung von Mantelgeschossen aus Sicherheitsgründen (Ausnahme: Großkalibergewehr).
Die Geschosse werden aus einer Blei-Antimon-Legierung hergestellt, wobei das Antimon die Funktion des Härters hat.
Die Oberfläche des Geschosses ist bei Kleinkaliberpatronen meist gefettet oder galvanisiert, um Bleiablagerungen im Lauf auf ein Minimum zu reduzieren.

Die Qual der Wahl

Auch der schönste Katalog, die besten Ergebnisse bei Meisterschaften und die begeistertsten Schilderungen von Freunden und Bekannten sagen dem Schützen noch nicht, ob die Waffe, die ihm so angepriesen wird, auch die richtige für ihn ist.
Jedes Sportgerät, mit dem Höchstleistungen erbracht werden sollen, muß dem Sportler angepaßt sein. Fehlt die «Maßarbeit», muß der Sportschütze unnötig kompensieren, was dann seine Konzentration im sportlichen Wettkampf schmälert. Was aber ganz allgemein für jede Sportart gilt, hat beim Schießen die allergrößte Bedeutung – in keinem anderen Sport ist das Zusammenwirken von Gerät und Sportler so wichtig.

Viele Schützen kaufen sich für den Anfang eine sehr billige Waffe. Zum gelegentlichen Übungsschießen und Schießenlernen reichen diese Waffen zweifellos aus. Diese Methode ist aber nur dann sinnvoll, wenn der Schütze auch bereit ist, bei Erhöhung seines Leistungsniveaus eine entsprechende Waffe dazu zu erwerben. Die beste Lösung wäre aber, sich anfangs noch gar keine Waffe zu kaufen, sondern zuerst die vom Verein oder Freunden zur Verfügung gestellten Waffen zu benutzen; zumindest so lange, bis man die Grundbegriffe des Schießens beherrscht und weiß, welcher schießsportlichen Disziplin man sich zuwenden will.
Schon von den Regeln her wird dem Sportschützen eine bestimmte Konstruktion und Ausstattung der Waffen vorgeschrieben, so daß der Entscheidungsspielraum des Schützen ziemlich begrenzt ist. Der nicht allzugroße Markt für Sportwaffen hat außerdem unter den Erzeugerfirmen zu einem Ausleseprozeß geführt. Grundsätzlich gilt, daß heute Spitzenwaffen derselben Preiskategorie in der Leistung nur wenig differieren, und die Wahl der Marke sehr oft von der persönlichen Vorliebe abhängt.
Der Schütze wird jedenfalls seine Wahl um so leichter treffen und viel sicherer entscheiden können, je mehr in Frage kommende Waffen er vor dem Kauf ausprobiert hat. Normalerweise stellt jeder Schütze zu diesem Zweck gern seine Waffe zur Verfügung, wenn er weiß, daß sie sorgsam behandelt wird. Hier lohnt sich sportliches Benehmen und pfleglicher Umgang mit der Waffe. Nur wenige Anfänger wissen, wie sehr man am Schießstand beobachtet und kontrolliert wird. Jeder erfahrene Schütze wird sofort unsachgemäße und rauhe Behandlung einer Waffe registrieren und niemandem, bei dem er dies beobachtet hat, seine eigene Waffe überlassen.
Schützen aber, die jede Gelegenheit nützen, unbekannte oder neue Waffen zu versuchen, verfügen bald über große Erfahrung und Urteilskraft, weil jeder selbst abgegebene Schuß alle Testberichte und Empfehlungen aufwiegt.
Sympathien zu einer bestimmten Waffe – auch wenn diese nicht verstandesmäßig begründet werden können – sollen bei der Auswahl berücksichtigt werden, denn das Verhältnis des Schützen zu seiner Waffe kann nicht allein mit Meßtabellen beurteilt werden. Eine Waffe, die Freude macht, ob vom Aussehen oder von der Funktion her, wird ganz einfach besser schießen als eine, zu der der Schütze keine innere Beziehung hat.
Beim Waffenkauf muß der Schütze unabhängig von Art und Fabrikat der Waffe einige Kriterien beachten und sich jeweils die nachstehenden Fragen vorlegen:

Liegt die Waffe gut im Anschlag?
Feststellen kann man dies am leichtesten, wenn man ein bestimmtes Ziel ohne Waffe anvisiert, dann ganz ungezwungen in Anschlag geht und mit dem Visier kontrolliert, ob das Ziel auch getroffen worden wäre. Noch deutlicher wird dieser Vorgang, wenn der Schütze während des Anschlags die Augen schließt und sie erst dann wieder öffnet, wenn er glaubt, daß die Waffe aufs Ziel zeigt. Nur in den wenigsten Fällen wird diese Methode ideal funktionieren; die Waffe wird mehr oder weniger am Ziel vorbeizeigen. Hier liegt der Fehler am Schaft oder am Pistolengriff, denn die Fabrik muß eben Schaft und Griff für die Anatomie eines Durchschnittsschützen herstellen.
Dieses notwendige Übel kann am besten durch Verstellmöglichkeiten der Schaftlänge, der Backe, der Schaftkappe etc. ausgeglichen werden. Der Schütze wird daher jener Waffe den Vorzug geben, die ohne Hilfe eines Büchsenmachers dem Körperbau des Schützen am besten angepaßt werden kann.

Stimmt der Schwerpunkt?
Eine Waffe, die gut anschlägt, muß noch nicht gut ausbalanciert sein. Der Schütze hat zu bedenken, daß er mit der Waffe ja nicht nur einen einzelnen Schuß abgibt, sondern im Verlauf eines Wettkampfes Serien zu 20, 30 oder 60 Schuß gefordert werden. Die Waffe muß daher oft stundenlang gehalten werden, ein ungünstiger Schwerpunkt führt aber zu frühzeitiger Ermüdung und zu schlechteren Ergebnissen. Hier kann man selbst wenig ausbessern – Zusatzgewichte sind nur beschränkt anwendbar.
Eine besondere Bedeutung kommt der Balance bei Waffen zu, die während des Schießens bewegt werden müssen, wie Tontaubenflinten, Schnellfeuerpistolen, Gewehre für die laufende Scheibe. Eine ungünstige Schwerpunktlage erschwert das ruhige und geradlinige Mitschwingen.
Prinzipiell kann gesagt werden, daß der Schwerpunkt ein wenig vor dem Abzug der Waffe liegen soll; der Schütze kann solche Waffen viel ruhiger halten.

Ist die Schußleistung ausreichend?
Es versteht sich von selbst, daß die heute produzierten Spitzenwaffen Schußleistungen aufweisen, die nichts zu wünschen übrig lassen. Meistens erhält der Schütze beim Kauf einer Sportwaffe ein *Schußbild*, das aber normalerweise aus dem eingespannten Lauf ohne Schaft geschossen ist und sehr beeindruckend aussieht. Besser als die Maschine kann kein Schütze schießen, so daß die Richtigkeit des Schußbildes vom Käufer kaum kontrolliert werden kann. Hier muß

der Schütze den Angaben des Herstellers vertrauen, kann dies aber auch ruhigen Gewissens tun.
Nur derjenige, der seine persönliche Bestleistung genau kennt, wird in der Lage sein, die Präzision einer Waffe zuverlässig festzustellen. Der Anfänger sollte sich daher in solchen Fällen von einem erfahrenen und guten Schützen begleiten und beraten lassen.

Entspricht die Ausführung dem Preis?
Eine schön polierte Waffe schießt zwar nicht besser, gute Ausführung ist aber stets ein Zeichen von Qualität. Im Zeitalter der industriellen Massenfertigung ist die Büchsenmacherkunst ein letztes Refugium alter Handwerkstradition geblieben. Ein gut eingepaßter Schaft, sauber bearbeitete Oberflächen, schönes Schaftholz erfreuen nicht nur das Auge des Schützen, sondern erhöhen auch den Gebrauchs- und Wiederverkaufswert. Überdies läßt qualitativ gute äußere Verarbeitung auch auf Qualität an Stellen schließen, die der Käufer nicht sehen kann.
Jeder Schütze hat das Recht, in Bezug auf seine Waffe ein Perfektionist zu sein und für sein gutes Geld einen entsprechenden Gegenwert zu erhalten.
Es ist verständlich, daß heute, wo Handarbeit so teuer geworden ist, ein möglichst großer Teil der Herstellung auf maschinellem Weg erfolgt, vor allem dort, wo die Maschine dem Menschen in der Genauigkeit überlegen ist; aber man sollte dies der Waffe nicht schon von weitem ansehen.

Wie sieht es mit Ersatzteilen aus?
Je nach Konstruktion sind manche Teile der Waffe erhöhtem Verschleiß ausgesetzt und müssen nach einer allerdings meist sehr hohen Anzahl von Schüssen ersetzt werden. Das trifft vor allem auf Schlagbolzen, Federn, Patronenauszieher und ähnliches zu. Der Schütze erspart sich viel Ärger, wenn er gleich beim Kauf der Waffe solche Ersatzteile miterwirbt, denn bei der langen Lebensdauer der Waffen kommt es vor, daß ein Ersatzteil nicht mehr erzeugt wird, wenn man es braucht, und dann teuer von Hand nachgefertigt werden muß. Ähnliches sollte der Schütze beim Kauf ausländischer Waffen erwägen. Ersatzteile aus entfernteren Herstellungsländern können in Europa oft kaum oder nur mit langen Wartezeiten beschafft werden.

Sind alle Funktionen in Ordnung?
Zu jedem Kauf gehören ein paar Probeschüsse. Auch wenn die Präzision der Waffe, wie schon gesagt, nicht leicht überprüft werden kann, um festzustellen, ob sie funktioniert, genügen einige Schüsse,

möglichst mit verschiedenen Patronensorten. Manche Selbstladewaffen verdauen nicht alle Patronen gleicht gut. Fehler, die sich in Gegenwart des Verkäufers herausstellen, sind immer sehr schnell behoben, am besten dadurch, daß man eine andere Waffe aussucht; dies ist jedenfalls besser, als die Garantie in Anspruch nehmen zu müssen.

Jeder Waffe ist eine Betriebsanleitung beigegeben. Nicht immer sind diese Anleitungen gut verständlich, manchmal auch nicht in deutscher Sprache abgefaßt; der Käufer sollte sich daher alle notwendigen Handgriffe an der Waffe beim Kauf zeigen lassen. Laden, Sichern, Magazinwechsel, Zerlegen und Zusammenbau – hier kann der Anschauungsunterricht durch keine noch so gute Betriebsanleitung ersetzt werden. Vor allem dann, wenn ein gewisser Kraftaufwand nötig ist, kann die fachkundige Beratung Beschädigungen der Waffe vermeiden.

Gebrauchte Waffen

Eine gebrauchte Waffe ist für denjenigen interessant, der um weniger Geld in eine höhere Waffenklasse einsteigen will.
Die Haltbarkeit einer Sportwaffe ist bei sorgsamer Behandlung unwahrscheinlich groß, so daß der Schütze auch mit einer gebrauchten Waffe sehr gute Ergebnisse erzielen kann. Allerdings muß der Käufer einer gebrauchten Waffe schon etwas Verständnis und Kenntnisse mitbringen, damit er deren Zustand richtig beurteilen kann.
Wird eine Waffe aus zweiter Hand angeboten, ist zunächst der äußere Eindruck maßgebend. Wohl ist hauptsächlich der innere Zustand für Trefferleistung und Funktion verantwortlich, die äußere Beschaffenheit weist aber oft auf die Beanspruchung und Behandlung durch den Voreigentümer hin.
Ist die *Brünierung* stark beschädigt, so wurde die Waffe auch viel gebraucht. Ausgebesserte Brünierung erkennt man, wenn das Licht auf der brünierten Fläche spiegelt, denn eine Nachbrünierung trifft nur selten den gleichen Farbton.
Kratzer auf der Metalloberfläche, Beschädigungen des Schaft- oder Griffholzes weisen darauf hin, daß der frühere Besitzer seine Waffe nicht eben sorgfältig behandelt hat. Dies zeigt sich aber auch an Stellen, die der Käufer nicht so leicht sieht.

Als nächstes soll der Lauf inspiziert werden, wobei besonders auf Rostspuren, Kratzer und darauf, ob die Kanten der *Felder* noch scharf sind, zu achten ist. Besonders schädlich sind Fehler des Laufes im Bereich der Mündung. Wenn man wegen der Konstruktion der Waffe nicht direkt durch den Lauf visieren kann (Revolver), leistet ein kleiner Spiegel oder eine blanke Messerklinge, die das Licht in den Lauf wirft, gute Dienste. Bei einiger Übung wird der Schütze in der Lage sein, sein Auge auf einzelne Laufabschnitte scharf einzustellen und so den ganzen Lauf abschnittweise kontrollieren zu können. Das Patronenlager wird auf Erosionsspuren, die von den heißen Pulvergasen verursacht werden, untersucht.

Der *Schlagbolzen* zeigt sehr gut, ob aus der Waffe viele Schüsse abgegeben worden sind. Bei Kleinkaliberwaffen mit Randfeuerzündung sollte man sich auch die dem Schlagbolzen gegenüberliegende Stelle des Patronenlagers ansehen, da bei dieser Art der Zündung, je nach Konstruktion, der Schlagbolzen mit dem Lager in Kontakt kommen kann, hauptsächlich bei Abschlagen der Waffe ohne Patrone im Lauf. Schlägt aber der Schlagbolzen nicht auf das weiche Patronenmessing, sondern auf den Stahl des Patronenlagers, kommt es auf beiden Seiten zu Beschädigungen. Die weitere Prüfung betrifft den Verschluß, seine Leichtgängigkeit, d. h. ob er nicht durch häufigen Gebrauch seine präzise Führung verloren hat, und ob der Auszieher auch wirklich jede Patrone faßt. Ausgeschlagene Scharniere bei Kipplaufwaffen und Spuren auf dem Stoßboden können Hinweise auf den Gebrauch der Waffe geben.

Die *Sicherung* muß unter allen Umständen funktionieren, Abnützung bedeutet hier ein erhebliches Sicherheitsrisiko. Magazine sind für das einwandfreie Funktionieren von Selbstladewaffen viel wichtiger, als man annehmen möchte, auch deswegen, weil Magazine oft rauh und nachlässig behandelt werden. Eine kleine Delle im Magazinoberteil kann schon bewirken, daß es unerklärliche Ladehemmungen gibt oder daß das Geschoß beim Zuführen beschädigt wird, was wiederum die Präzision beeinträchtigt.

Revolver sind vor allem auf das *Timing*, also auf das richtige Zusammenspiel zwischen Abzug, Hahn und Trommel zu prüfen. Beim Zurückziehen des Hahnes wird zunächst die Trommel entriegelt, dann beginnt sich die Trommel zu drehen. Knapp vor Vollendung der Trommeldrehung legt sich der Sperriegel an die Trommel an und rastet schließlich in die Verriegelungsnut ein. Zugleich oder etwas später tritt auch der Hahn in die Spannrast ein. Stimmt dieses Timing

nicht, ist die Funktion des Revolvers gestört, und es könnte ein Schuß gelöst werden, ohne daß die Trommel arretiert ist. Bei Revolvern mit ausschwenkbarer Trommel muß auch der *Kran*, das Stück Metall, an dem die Achse der Trommel befestigt ist, kontrolliert werden. Diese Stelle des Revolvers ist besonders durch heftiges Auf- und Zuklappen gefährdet. Ist aber der Kran verbogen oder ausgeschlagen, läuft die Trommelachse nicht mehr parallel zur Laufachse. Dies kann man dann feststellen, wenn bei leicht zurückgezogenem Hahn die Trommel gedreht wird, wobei man gleichzeitig den Spalt zwischen Trommel und Lauf beobachtet.
Gerade beim Erwerb eines gebrauchten Revolvers muß der Schütze beachten, daß diese Waffe zwar robuster und unempfindlicher gegen Störungen ist als jede andere Konstruktion, aber für die Reparatur überdurchschnittliche Kenntnisse voraussetzt. Ersatzteile müssen oft mit der Hand angefertigt werden. Dies bedeutet aber höhere Kosten.
Es ist mir natürlich klar, daß der Schütze trotz dieser Anleitungen nicht wie ein gelernter Büchsenmacher Waffen überprüfen und testen kann, man soll aber die psychologische Wirkung all dieser Manipulationen nicht unterschätzen. Der Verkäufer wird einen Kunden, der etwas zu verstehen scheint, sicher mit der gebührenden Achtung und Vorsicht behandeln und sich hüten, Fehler zu verschweigen, weil er fürchten muß, daß diese Fehler erkannt werden.

Waffen als Kapitalanlage und Sammlerhobby

Wer ältere Waffenkataloge durchsieht und die Preise mit den heutigen vergleicht, wird sich darüber ärgern, daß er seine Waffe nicht damals gekauft hat. Zwar ist hier nicht der Platz, volkswirtschaftliche Überlegungen anzustellen, aber die Waffenpreise sind der Inflation eindeutig davongelaufen. Das wird sich umso stärker bemerkbar machen, je größer der Anteil der Handarbeit an der Herstellung der Waffe ist.
Natürlich wird sich niemand Waffen als reine Kapitalanlage kaufen. Dazu ist sicher der Krügerrand oder eine andere Goldmünze besser geeignet. Aber es ist immerhin eine Beruhigung, wenn man eine gebrauchte Waffe mit nur wenig oder gar keinem Verlust, ausgehend vom Anschaffungspreis, verkaufen könnte.
Bei manchen Hobbies macht es Schwierigkeiten, weiblichen Familienmitgliedern – vor allem Ehefrauen – die entsprechenden Ausgaben sinnvoll erscheinen zu lassen. Wenn ich auch nur wenige Sport-

schützen kenne, die ihren Frauen den vollen Preis einer neu erstandenen Waffe verraten, ist die Kapitalanlage doch ein starkes Argument und schlägt in der Wertbeständigkeit jeden Pelzmantel.
Mancher Schütze kommt früher oder später in Versuchung, Waffen zu sammeln. Wer sich aber mit der Absicht trägt, eine Sammlung anzulegen, sollte sich von vornherein auf eine bestimmte, eng begrenzte Waffenart festlegen und seine Sammelleidenschaft anfangs darauf beschränken. Es wird dem Sammler leichter fallen, sich auf ein kleines Teilgebiet zu spezialisieren und darin besondere Kenntnisse zu erwerben. Das bewahrt ihn auch vor Übervorteilung und Fälschungen.

Sicherheit

Gefahren des Schießsportes

Jede Sportwaffe kann bei unsachgemäßer und fahrlässiger Handhabung tödlich werden. Dies gilt sogar für Waffen, die allgemein als harmlos betrachtet werden, wie etwa Luftdruckwaffen und Zimmerstutzen. Wenn man sich dies vor Augen hält, ist es doch sehr verwunderlich, daß das Schießen ein sehr sicherer Sport ist und es auf den Schießständen kaum zu Unfällen kommt. Entscheidend für die Gefährlichkeit eines Sports ist also keineswegs, ob das Sportgerät selbst gefährlich ist, sondern ob die sportliche Tätigkeit Risiken birgt. Wäre dies nicht so, müßten logischerweise beim Schießen mehr Menschen umkommen als etwa beim Autorennsport, weil die Waffe zum Töten, das Auto aber zum Fahren konstruiert ist. Im Rennsport aber muß sich der Sportler ständig an der Risikogrenze bewegen, wenn er etwas gewinnen will, während beim Sportschießen jeder Schuß unter Beachtung strengster Sicherheitsvorschriften abgegeben wird.
Bei jedem anderen Sport setzen Sicherheitsvorschriften zwar das Risiko des Sportlers herab, Unfälle oder Verletzungen können aber nie ganz ausgeschlossen werden; beim Sportschießen verhindert jedoch die richtige und konsequente Beachtung der Sicherheitsregeln zuverlässig jeden Unfall. Ich bin mir dessen bewußt, ein großes Wort gelassen auszusprechen. Beim Schießen ist jedoch jeder Unfall, jede Eventualität logisch und technisch voraussehbar und daher auch zu verhindern.
Sehr viel trägt zur Erhöhung der Aufmerksamkeit des Schützen das Bewußtsein bei, einen gefährlichen Gegenstand in der Hand zu haben. Feind jeder Sicherheit ist daher die Gewöhnung an die Gefahr und die damit verbundene, unmerklich wachsende Sorglosigkeit. Dagegen hilft nur, sich die später angeführten Sicherheitsregeln so einzuprägen, daß sie wie eine Sperre gegen etwaige Verstöße wirken. Einiges kann der Schütze für die Sicherheit schon bei der Auswahl

der Waffe tun. Eine Waffe ist um so sicherer, je deutlicher sie dem Schützen und allen anderen ihren Spannungs- und Ladezustand zeigt. Von diesem Gesichtspunkt aus ist der Revolver die allersicherste Waffe, weil man nicht nur sieht, ob Patronen in der Waffe sind, sondern auch, ob der Hahn gespannt ist. Bei Selbstladewaffen sind ebenfalls jene sicherer, die einen außenliegenden Hahn haben. So begrüßenswert Lade- und Signalstifte an anderen Waffen sind, sie zeigen nur selten deutlich genug an, ob die Waffe gespannt ist oder nicht.

Noch etwas über Sicherungen: Auch hier gilt, daß die sicherste Waffe jene ist, die gar keine Sicherung nötig hat, wie etwa der Revolver. Bei Sportwaffen erscheint mir die Sicherung überflüssig, weil diese Waffen ja unter den besonderen Bedingungen der Schießstände geschossen werden und im geladenen Zustand stets auf das Ziel oder zumindest auf einen gefahrlosen Hintergrund gerichtet sind. Es besteht keine Notwendigkeit, Sportwaffen in geladenem Zustand zu transportieren. Schon deshalb bin ich gegen Sicherungen an solchen Waffen, weil das Wort «Sicherung» falsche Sicherheit vortäuscht und den Leichtsinn fördert. Zudem sind nicht alle Sicherungen in ihrer Wirkung gleichwertig: Wird etwa nur der Abzug der Waffe blockiert, ist keine Gewähr dafür gegeben, daß sich der Schuß nicht durch einen Stoß oder Schlag unbeabsichtigt löst. Manche Waffenkonstrukteure überschlagen sich geradezu in der Vielfalt der Sicherungen. So gibt es bei Pistolen Magazinsicherung, Handballensicherung und ähnliche Überflüssigkeiten, die oft nichts anderes als gute Verkaufsargumente sind.

Die Sicherheit einer Waffe muß sich aber immer aus der Handhabung durch den Schützen ergeben, wie sicher oder unsicher die Waffe auch sein mag.

Ein Anfänger, der schlecht schießt, wird bei vernünftigen Schützen keinen Anstoß erregen, der Schütze aber, der gegen eine Sicherheitsregel verstößt, begeht einen Fehler, der nie wieder gutzumachen ist. Gerade der Anfänger muß, bevor er seinen ersten Schuß abgibt, mit den Sicherheitsregeln genauso vertraut sein wie der Olympiasieger – hier gibt es für Unkenntnis keine Entschuldigung.

Unfallursachen

Wer sich mit der Aufklärung von Schußwaffenunfällen beschäftigt, wird wissen, wie selten so ein Unfall allein auf die Waffe oder die Munition zurückzuführen ist.

Die heute in den meisten Staaten geltenden *Beschuß*-Vorschriften haben das Risiko, dem früher der Schütze durch fehlerhafte Waffen, schlechtes Material oder Konstruktionsmängel ausgesetzt war, fast ausgeschaltet. Bevor eine Waffe in den Handel gebracht werden darf, muß sie amtlich mit besonders stark geladenen Patronen beschossen werden. Ein Prüfstempel auf der Waffe zeigt dem Schützen, daß mit der getesteten Waffe risikolos geschossen werden kann; denn beim amtlichen Beschuß wird die für die Waffe vorgesehene Patrone mit der stärksten Laborierung noch um ein Drittel erhöht. Vorsicht ist daher bei alten und viel gebrauchten Waffen geboten oder bei solchen, die ohne Beachtung der Beschußvorschriften importiert wurden. Durch mangelhafte Waffenpflege verursachte Roststellen können den Lauf oder das Patronenlager so schwächen, daß auch normal starke Ladungen die Waffe sprengen. Bei einiger Aufmerksamkeit kann aber jeder Schütze diese Gefahren erkennen und die Waffe freiwillig zur Beschußprüfung geben. Das schafft klare Verhältnisse: Entweder hält die Waffe den Beschuß aus, oder das gute Stück zerspringt bei der Prüfung; besser jedenfalls, als in der Hand des Schützen.
Gefährlich ist auch die Verwechslung von Schwarzpulver mit Nitro- oder rauchlosem Pulver. Rauchloses Pulver erzeugt wesentlich höheren Druck als Schwarzpulver, und der Schütze, der rauchloses Pulver in seine Schwarzpulverwaffe füllt, verwandelt diese in eine recht wirksame Handgranate.
Für die Munition gilt dasselbe, was von der Waffe gesagt wurde: Handelsübliche, fabrikgeladene Patronen bergen kaum Probleme, außer dann, wenn sie unsachgemäß gelagert wurden. Bei den heutigen Patronenkonstruktionen ist die Abdichtung zwischen Hülsenmund und Geschoß bzw. Zündhütchen und Hülse so perfekt, daß Feuchtigkeit kaum mehr eine Rolle spielt.
Bei der Munition muß der Schütze vorsichtig sein, wenn er sichtlich alte Patronen oder solche, deren genaues Kaliber nicht aus dem Hülsenstempel hervorgeht, verschießen will. Ich persönlich bin auch skeptisch, wenn mir wiedergeladene Patronen angeboten werden, wenn ich den Wiederlader nicht gut kenne.
Daß überladene Patronen gefährlich sind, wird jedermann einleuchten. Aber nicht alle Schützen wissen, daß auch zu schwach geladene Munition zu Unfällen führen kann. Dann nämlich, wenn die Kraft des Pulvers nicht ausreicht, um das Geschoß ganz durch den Lauf zu treiben, und dieses steckenbleibt. Der nächste Schuß wird daher in der Regel den Lauf sprengen. Aufmerksamen Schützen fallen solche schwache Patronen durch den veränderten Knall und Rückstoß auf. Die Gefahr kann also rechtzeitig erkannt werden.

Die Beschußvorschriften entheben den Schützen nicht der Verpflichtung, sich ständig vom guten Zustand seiner Waffe zu überzeugen, und ersparen ihm auch nicht die Prüfung, ob er die richtige Munition in der richtigen Waffe verwendet. Es ist z.B. möglich, in Waffen des Kalibers .22 WMR Patronen vom Kaliber .22 lr. zu laden. Diese Patrone ist zwar kleiner als die Kammer der Waffe, kann aber trotzdem abgefeuert werden, was zum Zerplatzen der Hülse führt, weil diese nicht ganz am Patronenlager anliegt. Deshalb ist gerade bei Revolvern mit Wechseltrommeln für diese beiden Kaliber Vorsicht geboten.

Die Aufzählung der Unfallursachen, die sich aus Defekten der Waffe oder der Munition ergeben, ist aber damit schon erschöpft. Weit vielfältiger sind die menschlichen Unzulänglichkeiten:

Unerfahrenheit

Der Anfänger und der Unerfahrene sind deswegen mehr gefährdet als der routinierte Schütze, weil ihnen oft gar nicht bewußt ist, aus welchen Situationen Unfälle entstehen können. Wer noch nie in die Mündung einer Waffe geblickt hat, die ihm ein unvorsichtiger Nachbar vors Gesicht hält, wem noch nie aus vermeintlich ungeladener Waffe ein Schuß gebrochen ist, wem also noch nie ein Beinahe-Unfall zugestoßen ist, nach dem der Schutzengel mit verhülltem Haupt den Raum verließ, der hat auch noch nicht alle die Sperren gegen unvorsichtiges Hantieren mit der Waffe aufbauen können, die den versierten Schützen auszeichnen. Der Anfänger muß daher doppelt vorsichtig sein, jede seiner Bewegungen kontrollieren, solange, bis ihm die sichere Handhabung der Waffe in Fleisch und Blut übergegangen ist und ihm ein Verstoß gegen die Sicherheit geradezu körperlichen Schmerz bereitet. Je nach Intelligenz und Verantwortungsbewußtsein des Schützen nimmt dieser Prozeß längere oder kürzere Zeit in Anspruch, sollte aber zumindest dann abgeschlossen sein, wenn man selbständig zu schießen beginnt. Bei dieser Gelegenheit möchte ich darauf hinweisen, wie viele tragische Unfälle mit Schußwaffen von Kindern und Heranwachsenden verursacht werden. Leider gehen auch heute noch sehr viele Eltern und Erzieher von der Überlegung aus, ein Kind werde am besten vor Gefahren dadurch bewahrt, daß man alles, was irgendwie riskant erscheint, von ihm fernhält. Diese Erziehungsmethode verstärkt die angeborene Sucht der Kinder nach dem Umgang mit Waffen durch den Reiz des Verbotenen und liefert das unerfahrene Kind der Schußwaffe hilflos aus. Fast alle diese Unfälle hätten vermieden werden können, hätte das Kind gewußt, wie eine Waffe funktioniert und was alles mit einer Waffe passieren kann, also wäre es über die Gefährlichkeit der Schußwaffe aufgeklärt worden.

Unachtsamkeit

Für den Autofahrer beginnt die unfallträchtigste Phase dann, wenn er glaubt, so erfahren zu sein, daß ihm nichts mehr passieren kann. Ähnliche Beobachtungen kann man auch bei Schützen machen, die nach einer gewissen Gewöhnungsphase in ihrer ursprünglichen Aufmerksamkeit nachlassen, in der Annahme, gerade sie seien vor jedem Unfall gefeit. Eines Tages kommt es aber zu einer Situation, die noch nicht einkalkuliert wurde. Der bis dahin so sichere Schütze ist um eine Erfahrung reicher – vorausgesetzt, daß er diese Erfahrung noch verwerten kann.

Spielerei

Schießen ist zwar kein Sport, der nur von ernsten Menschen betrieben werden kann. Eine Waffe ist aber kein Spielzeug. Artistische Darbietungen, wie etwa das Wirbeln des Revolvers um den Zeigefinger, disqualifizieren den «Künstler» in den Augen jedes Schützen. Wenn man Waffen für Spielereien verwendet, kommt naturgemäß die Sicherheit zu kurz. Gerade Anfänger sollten sich hüten, fragwürdige Vorbilder aus Film und Fernsehen nachzuahmen.

Unsachgemäße Behandlung der Waffen

Jede Waffe muß pfleglich behandelt werden, und zwar so, wie es die Betriebsanleitung verlangt. Allgemeingültige Regeln gibt es nicht: Manche Waffen erlauben Trockentraining (Abziehen ohne Patrone im Lauf), bei anderen verursacht dies Brüche des Schlagbolzens oder Beschädigung des Patronenlagers, was wiederum ein Sicherheitsrisiko bedeutet. Wer das in den Wildwest-Filmen so beliebte Schnellfeuer mit dem *Single-Action-Revolver* nachahmen möchte und mit der linken Hand auf den Hahn schlägt, muß wissen, daß dieses Verfahren nach kurzer Zeit die Hahnrasten ruiniert und der gespannte Hahn dann auch ohne Betätigung des Abzuges fallen kann.

Starke Verschmutzung im Lauf führt zur Gasdrucksteigerung in der Waffe, Rost schwächt Verschluß und Laufwandung. Entstehen daraus Unfälle, trägt der Schütze zumindest indirekt dafür die Verantwortung.

Die Sicherheitsregeln

Nachfolgend nun zehn Sicherheitsregeln. Hier gibt es keine Rangordnung in der Wichtigkeit. Jeder Verstoß gegen eine dieser Regeln kann einen tödlichen Unfall verursachen:

1. **Jede Waffe ist so zu behandeln, als ob sie geladen und entsichert wäre**
Vom Standpunkt der Sicherheit gibt es weder gesicherte noch ungeladene Waffen; die meisten Unfälle passieren mit vermeintlich ungeladenen Waffen. Wer seine Waffe nur so in die Hand nimmt, als könnte sie jeden Moment losgehen, wird keine Gefahr für sich und seine Umgebung bilden. Sicherheit und Ladezustand müssen gerade am Schießstand deutlich gezeigt werden: Revolver sind mit geöffneter Trommel aufzulegen, andere Waffen mit geöffnetem Verschluß und herausgenommenem Magazin.

2. **Nur auf etwas zielen, worauf auch geschossen werden könnte**
Diese Regel wird oft falsch zitiert, denn wenn gesagt wird: «Ziele nie auf einen Menschen», fixiert man das Sicherheitsbewußtsein auf einen sichtbaren Menschen und blockiert noch dazu die wirksame Selbstverteidigung. Nur dann, wenn der Schütze bei jedem Zielvorgang daran denkt, daß er dieses Ziel auch beschießen wird, unterläßt er es, spielerisch auf etwas zu zielen, was nicht dazu bestimmt ist, als Zielscheibe zu dienen.

3. **Achtung auf die Mündung**
Von der Mündung her droht in erster Linie Gefahr. Die Waffe muß unter allen Umständen so gehalten werden, daß die Mündung nur auf einen sicheren Hintergrund zeigt. Vor allem dann, wenn sich der Schütze bewegt, muß er die Mündung seiner Waffe immer unter Kontrolle halten. Dabei ist um so mehr Aufmerksamkeit geboten, je kürzer der Lauf der Waffe ist. Auch ungeladene Waffen sind mit der gleichen Sorgfalt zu handhaben; derjenige, der in die Mündung der Waffe schaut, weiß ja nicht, was sich am anderen Ende des Laufes befindet.

4. **Vertraue niemandem und auf nichts**
Kein Schütze darf der Versicherung eines anderen, die Waffe sei ungeladen, vertrauen. Unzulässig ist auch die Frage: «Ist die Waffe geladen?». Davon muß sich jeder selbst überzeugen, und kein vernünftiger Schütze wird wegen einer Nachprüfung beleidigt sein.

Nochmals: Auch auf eine Sicherung sollte man sich nicht verlassen. Sogar wenn die Sicherung konstruktiv direkt auf den Schlagbolzen wirkt und daher wirkliche Sicherheit bietet, kennt der fremde Schütze nicht den inneren Zustand der Waffe. Die Sicherung kann defekt sein, ohne daß man es von außen merkt. Der Schütze darf aber auch nicht umgekehrt von anderen verlangen, daß sie auf sein Sicherheitsbewußtsein vertrauen, sondern muß die Sicherheit gewissermaßen auf dem Präsentierteller vor sich hertragen.

5. **Wenn die Waffe nicht benützt wird, ist sie zu entladen**
Sobald sich ein Schütze von seiner Waffe entfernt, hat er sie zu entladen. Man darf nicht immer davon ausgehen, es nur mit erfahrenen Schützen zu tun zu haben. Eine herrenlos herumliegende Waffe verführt andere dazu, sie in die Hand zu nehmen, zu besichtigen und anzuschlagen. Daß dies ungehörig ist, versteht auch jemand, der kein Schütze ist. Aber gerade Leuten, die hier unbekümmert sind, passieren auch andere Unvorsichtigkeiten. Der beste Schutz gegen Unfälle dieser Art ist, die Waffe bei Nichtgebrauch zu entladen, wie es auch die Schießstandsvorschriften verlangen.

6. **Der Lauf muß vor dem Schießen kontrolliert werden**
Bevor mit dem Schießen begonnen wird, hat sich der Schütze davon zu überzeugen, ob der Lauf der Waffe frei von Fremdkörpern ist. Während des Transportes zum Schießstand können kleine Gegenstände in den Lauf geraten, die dann das Geschoß blockieren und dadurch den Gasdruck übermäßig steigern.

7. **Waffen sind immer sicher zu verwahren**
Es gibt zwar keine zuverlässige Statistik über Unfälle mit Schußwaffen, wenn man aber Unfallmeldungen in der Presse aufmerksam verfolgt, muß man zu der Überzeugung kommen, daß die meisten Unfälle durch unsachgemäß verwahrte Waffen entstehen, die Unbefugten zugänglich sind.
Jeder, der eine Waffe erwirbt, muß sich gleichzeitig darüber Gedanken machen, wo er sie aufbewahren wird, nicht zuletzt deshalb, weil das Gesetz sichere Verwahrung der Waffe vorschreibt. Bei diesen Überlegungen kommt es nicht so sehr auf den Schutz vor Diebstahl an. Jedem Einbrecher ist es sicher ein leichtes, die üblichen Waffenschränke aufzubrechen, die aber vom Standpunkt der Sicherheit vollauf genügen. Wenn kein Platz für einen Waffenschrank vorhanden ist, reicht ein versperrbarer Waffenkoffer aus,

der gleichzeitig für den Transport der Waffe verwendet werden kann. Behelfsmäßig kann die Waffe teilweise demontiert aufbewahrt werden, z.B. ohne Verschluß.
Während die Waffe ohne Munition ziemlich harmlos ist, kann die Munition selbst großes Unheil anrichten. Wer die Erfindungsgabe von Kindern kennt, soll sich einmal ausmalen, was Kinder mit Patronen alles anstellen können, wobei das Verschlucken noch das geringste aller Übel ist. Munition muß daher nach den gleichen Grundsätzen wie die Waffen selbst, am besten aber getrennt davon, verwahrt werden.

8. **Kugelfang bzw. Hintergrund beachten**
Ob auf dem Schießstand oder bei der Jagd: Es sollte kein Schuß abgegeben werden, ohne daß sich der Schütze vergewissert, ob das Geschoß auch nach dem Ziel keinen Schaden anrichten kann. Auf dem Schießstand muß sich der Schütze auf die Sicherheitseinrichtungen des Standes verlassen können. Es gibt jedoch Schießstände, die nur Kleinkalibermunition oder nur Bleigeschosse vertragen. Also erst fragen und dann schießen, nicht umgekehrt.
Beim Schießen in der Natur muß der Schütze noch darauf achten, ob nicht die Gefahr von Querschlägern besteht. Schüsse auf harten Hintergrund, z.B. Fels, gefrorenen Boden, aber auch gegen Wasseroberflächen, sind zu vermeiden.
Nur wenige Schützen sind sich der Reichweite und Durchschlagskraft der von ihnen verwendeten Patronen bewußt. Bei der Kleinkaliberpatrone .22 lr muß man mit einem Gefahrenbereich von etwa 2 km rechnen – immerhin so weit, daß niemand mehr feststellen kann, was das Geschoß in dieser Entfernung anrichtet. Schüsse in die Luft, mit Ausnahme von Schrotschüssen, sind aus diesem Grund unverantwortlich.

9. **Vor der Schußabgabe muß das Ziel genau erkannt sein**
Nie darf der Schütze ein Ziel beschießen, das er nicht genau erkennt. Auf dem Schießstand hat dies wohl weniger Bedeutung, da die Ziele immer vor einem sicheren Kugelfang stehen müssen. Aber der Jäger oder Schütze, der außerhalb des Schießstandes üben möchte, muß dies ganz besonders beachten.

10. **Vorsicht beim Transport und beim Tragen der Waffen**
Das Schießen ist zwangsläufig mit dem Transport der Waffe vom und zum Schießstand verbunden. Daß dabei die Waffe entladen sein muß, ergibt sich schon aus der Regel 5. Der Sportschütze wird also kaum in Versuchung kommen, eine Waffe in geladenem Zu-

stand zu transportieren. Jäger oder andere, die zum Zweck der Selbstverteidigung Waffen tragen müssen, sind aber hier ganz besonders zur Sorgfalt verpflichtet, vor allem beim Besteigen von Hochständen, Überklettern von Zäunen, Überspringen von Gräben etc.

Gehörschutz

Das menschliche Ohr ist so beschaffen, daß es von Geräuschen, die in der Intensität über lautem Schreien liegen, mit der Zeit geschädigt wird. Sehr viele Schützen unterschätzen die Gefahr, die dem ungeschützten Gehör vom Schußknall droht. Obwohl die Kleinkaliberpatrone verhältnismäßig wenig Knall verursacht, reduziert auch sie mit der Zeit das Hörvermögen, vor allem in den höheren Frequenzen. Diese Schädigung wird nicht immer registriert, weil sie ziemlich langsam und für den Schützen selbst unmerklich vor sich geht. Wenn man aber einmal merkt, daß sich das Gehör verschlechtert hat, ist es schon zu spät, weil der Schaden nicht mehr heilbar ist.
Der Schütze soll es sich daher zur Gewohnheit machen, bei jedem Schuß einen Gehörschutz zu verwenden. Dabei ist ein Gehörschutz, der das ganze Ohr umschließt und Kopfhörern gleicht, in jedem Fall Ohrenstöpseln oder Watte vorzuziehen. Er dämpft die höheren Frequenzen und läßt eine normale sprachliche Verständigung zu.
Beim Kauf eines Gehörschutzes sollte man darauf achten, daß die Bügel verstellbar sind und daher sowohl senkrecht als auch über den Hinterkopf getragen werden können. Vorteilhaft ist eine Einkerbung an einer der Muscheln, damit der Anschlag mit dem Gewehr nicht behindert wird.
Kein Schütze braucht sich vor anderen, die keinen Schutz verwenden, zu genieren und «oben ohne» schießen. Sehr viele Schützen erreichen auch mit Gehörschutz viel bessere Schußleistungen, weil sie durch äußere Einflüsse weniger gestört werden.
Wenn von einer langsamen Schädigung des Gehörs die Rede ist, soll aber nicht verschwiegen werden, daß es Patronen gibt, die mit einem einzigen Schuß das Trommelfell ruinieren können. Fast alle Magnum-Kaliber (beginnend mit 357) sind in dieser Hinsicht mit Vorsicht zu verwenden. Wenn man auf einem Schießstand solche Patronen schießt, ist man verpflichtet, alle anderen Schützen zu warnen, besser noch, sie um ihr Einverständnis zu ersuchen. Je-

mand, der z.B. gerade um sein Leistungsabzeichen schießt, wird kaum die Nerven haben, ständig Detonationen dieser Größenordnung anzuhören.

Haftung bei Unfällen

Wer dieses Kapitel bisher aufmerksam gelesen hat, wird sich vorstellen können, was ihn im Falle eines von ihm verursachten Unfalles erwartet. In der Praxis besteht kaum die Möglichkeit, eine Ausrede oder Entschuldigung zu finden, die auch vom Richter oder vom Sachverständigen anerkannt wird. Es soll hier niemand vom Sportschießen abgeschreckt werden, aber jeder Schütze muß wissen, welche Rechtsfolgen ein Unfall hat.

1. Strafgerichtliches Verfahren

Normalerweise wird bei jedem Unfall mit Schußwaffen ein strafgerichtliches Verfahren eingeleitet. Eine Verurteilung kann aber nur bei Vorliegen eines Verschuldens (Fahrlässigkeit, Vorsatz) erfolgen. Der Richter wird sich in erster Linie davon leiten lassen, wie die Schießstandvorschriften lauten, oder ob ein Verstoß gegen die allgemeinen Sicherheitsregeln vorliegt. Ein Schütze, der hier gesündigt hat, ist in einem Strafverfahren ohne Chance.

2. Schadensersatzansprüche

Auch wenn der Tatbestand für eine strafgerichtliche Verurteilung nicht ausreicht, kann der Verursacher eines Unfalles zivilrechtlich belangt werden, das heißt, daß dem Geschädigten oder seinen Hinterbliebenen Schadenersatz (Rente) zu bezahlen ist. Bei der Beurteilung der Verschuldensfrage ist auch von Bedeutung, daß beim Umgang mit einer Waffe besondere Vorsicht verlangt werden kann. – Als Mitglied eines Schützenvereins wie auch als Schießstandbenutzer ist der Schütze haftpflichtversichert.

3. Andere Rechtsfolgen

Parallel zum Straf- und Zivilverfahren droht dem fahrlässigen Schützen ein Verwaltungsverfahren, das neben Bestrafung auch den Entzug des Waffenscheines nach sich zieht. Dabei werden noch viel strengere Maßstäbe angelegt, und Verstöße, die sonst keine Rechtsfolgen nach sich ziehen, genügen zur Entziehung des Waffenscheins.

Schießen, ein Sport für jedermann?

Viele Sportarten sind nur für Leute mit besonderer Körperkonstitution geeignet. Ein Stemmer muß über eine bestimmte Muskelmasse verfügen, ein Läufer braucht kräftige Lungen – in solchen und ähnlichen Sportarten ist mangelnde körperliche Eignung nur unzulänglich durch Training zu ersetzen.
Woran erkennt man aber den guten Schützen? Gibt es den Typus des Schützen überhaupt? Ein typischer Schütze existiert bestimmt nicht, zumindest nicht in der Form, wie es vielleicht einen typischen Boxer oder einen typischen Langstreckenläufer gibt; das wird jeder bestätigen, der viele Schützen kennt. Jedenfalls liegt die Eignung für diesen Sport nicht nur auf körperlichem Gebiet. Nervliche Festigkeit, Gelassenheit und eine gewisse geistige Reife sind Voraussetzungen, wenn der Schütze über den Durchschnitt hinaus gelangen will.
Besonders kräftiger Körperbau wird vom Schützen also nicht verlangt. Die Kraft, die man zum Halten der Waffe braucht, kann fast jeder nach einiger Übung aufbringen. Das Schießen ist schon sympathisch dadurch, daß ein durchtrainierter Sportler nicht von vorneherein gegenüber einem gesetzten Herrn mit leichtem Bauch im Vorteil ist. Es gibt sogar Schützen, die ihre Leibesfülle geschickt in vermehrte Stabilität umsetzen und dadurch sehr gute Ergebnisse erzielen.
Wenn man von der Typenlehre Kretschmers ausgeht, sind Pykniker wegen ihrer psychischen Verfassung sehr gut für den Schießsport geeignet, während leptosome, also lange, hagere Menschen den Anforderungen des sportlichen Schießens weniger entsprechen. Ich muß sagen, daß diese theoretische Überlegung auch den Beobachtungen am Schießstand entspricht.
Grundsätzlich ist jeder gesunde Mensch beiderlei Geschlechts und jeden Alters (etwa ab 16 Jahren) für diesen Sport geeignet. Die bedauerlichen Verhältnisse bei anderen Sportarten, wo Sportler von mehr als 30 Jahren bereits zum alten Eisen zählen, gibt es beim

Schießen nicht. Die Rekordlisten sind voll von 40- und 50jährigen, und es gibt genug 70jährige, die ihr Leistungsabzeichen ohne Schwierigkeiten schaffen. Der älteste Olympiasieger aller Zeiten war 72 Jahre alt, mit einem riesigen Vollbart ausgestattet – und natürlich ein Schütze.

Je früher man aber mit dem Schießen beginnt, desto besser ist es. Obwohl die gesetzliche Untergrenze meist bei 16 Jahren liegt, sind Luftgewehr oder Bogen auch für Jüngere geeignet und eine gute Vorübung für spätere sportliche Betätigung. Wie überall im Jugendsport sei aber vor Übertreibungen durch allzu ehrgeizige Eltern gewarnt; dem Jugendlichen darf nie die Freude am Sport genommen werden.

Schießen ist aber auch kein reiner Männersport, obwohl dies oft fälschlich angenommen wird. Die Emanzipation geht auch hier mit Riesenschritten voran. Gottseidank gibt es eigene Damenwettbewerbe – vielen Männern bleibt daher erspart, beim Schießen von einer Frau übertrumpft zu werden. Die guten schießsportlichen Leistungen von Frauen und Mädchen sind vielleicht zum Teil dadurch zu erklären, daß eine Frau viel unbelasteter die Waffe in die Hand nimmt als mancher Mann, der im Unterbewußtsein zentnerweise Karl-May-Literatur herumschleppt. Besonders geeignet für Frauen sind Bogenschießen, fast alle Pistolenwettbewerbe und Luftgewehr.

Viele glauben, daß ein Schütze über eine hervorragende Sehleistung verfügen müsse. Das stimmt aber nicht. Jeder, der seine Augen durch Brillen auf Normalleistung korrigieren kann, ist auch in der Lage, gut zu schießen. Schwierigkeiten haben nur Altersweitsichtige, weil sie das Visier nicht mehr scharfstellen können. Diese Schützen müßten eine Brille wählen, die etwas schwächer als ihre Lesebrille ist, und bei der der Nahpunkt irgendwo zwischen Kimme und Korn liegt.

Die Begabung, die einer für das Sportschießen mitbringt, kann man also nicht an äußerlichen Merkmalen ablesen. Meiner Ansicht nach sind alle, die Interesse am Schießen haben, in der Lage, gute Schützen zu werden – Grund genug für jeden, auszuprobieren, ob nicht in ihm selbst die Begabung zum Schützen schlummert.

Schießen und Treffen

Wer hätte nicht schon einen Film gesehen, in dem der Sheriff reihenweise durch die Luft fliegende Dollars durchlöchert, der Cowboy vom galoppierenden Pferd herab mit einem Schuß mindestens drei Indianer erledigt und der Kommissar aus einer siebenschüssigen Pistole zwanzigmal schießt, ohne nachzuladen? Romane und Filme gehen mit der Wirklichkeit oft sehr leichtfertig um. Dies mag wohl eine dramaturgische Rechtfertigung haben. Manche Übertreibungen geraten jedoch schon in den Bereich der Lächerlichkeit. Sie wirken auf einen Betrachter, der etwas von der Materie versteht, so, als hätte der Darsteller des Julius Cäsar vergessen, seine Armbanduhr abzulegen.

Vor einiger Zeit konnte ich in der Zeitung lesen, daß ein Schnellfeuerschütze, der für die Olympischen Spiele trainiert, eine herabfallende Münze zweimal hintereinander mit seiner Pistole getroffen habe. Wer aber nur ein bißchen nachdenkt, weiß, daß dieses Kunststück nicht möglich ist, denn wenn die Münze vom ersten Schuß getroffen wird, fliegt sie davon; ein zweiter Treffer ist daher ganz ausgeschlossen.

Immer wieder wird auch das absurdeste Jäger- und Schützenlatein mit treuherziger Bereitwilligkeit geglaubt und weitererzählt.

Der Anfänger, der zum erstenmal eine Waffe in die Hand nimmt, ist daher durch all das, was er bisher über das Schießen gehört, gelesen oder in Film und Fernsehen gesehen hat, oft schon verdorben. Er glaubt, daß Schießen und Treffen die einfachste Sache der Welt sein müßte. Während jeder Tennisanfänger weiß, daß er im ersten Jahr noch kein ernsthaftes Match bestreiten kann, und ein Skifahrer einige Zeit braucht, bis er seine erste Abfahrt sturzfrei bewältigt, hält sich so mancher Neuling im Schießen für ein Naturtalent und glaubt, nach einigen Probeschüssen schon meisterschaftsreif zu sein. Die große Enttäuschung kommt erst dann, wenn der hoffnungsvolle Schütze nach dem ersten Schuß das Loch im Zehner sucht und es nicht einmal auf der Scheibe finden kann.

Alle diese Mißverständnisse rund um das Schießen und Treffen zeigen aber, daß Schießen kein Sport ist, dessen Technik man mechanisch erlernt. Der gute Schütze unterscheidet sich vom zweitklassigen nicht durch körperliche Fähigkeiten, sondern dadurch, was beim Schießen in seinem Kopf und in seiner Psyche vorgeht.

Der Freischütz

Seit der Erfindung des Schießpulvers waren Teufel und Aberglaube ständige Begleiter des Schützen. Daß gerade beim Schießen die Kräfte des Übersinnlichen eine so große Rolle spielten, liegt nur zum Teil an den Begleiterscheinungen Pulverdampf und Feuerstrahl, Knall und Gestank. Hauptsächlich aber daran, daß der Schütze nicht in der Lage ist, den Flug des Geschosses zu verfolgen und daher den vielen Zufälligkeiten, die zwischen Schießen und Treffen liegen, ziemlich hilflos ausgeliefert ist. Der Bogenschütze sieht, wie und wohin sein Pfeil fliegt, und kann aus der Beobachtung der Flugbahn seine Leistung nach und nach verbessern. Der Gewehrschütze hingegen spürt nach dem Abziehen den Rückstoß, wird durch das Mündungsfeuer geblendet und weiß dann immer noch nicht, wohin seine Kugel geflogen ist. Wer wundert sich da noch, wenn vor jedem Schuß Teufel und Heilige beschworen wurden, man das Pulver unter Verwendung geheimnisvoller Ingredienzien anrührte und Zauberformeln für die Herstellung von Geschossen in großer Zahl existierten.

Daß Aberglaube oft instinktiv zu richtiger Einschätzung der tatsächlichen Gegebenheiten führen kann, zeigt der besondere Kult, den die Schützen in früheren Zeiten mit der Freikugel trieben. Ohne die Bedeutung des Geschosses für gute Trefferleistungen aus den ballistischen Gesetzen ableiten zu können, scheinen sie doch gewußt zu haben, daß besondere Sorgfalt bei der Herstellung von Kugeln auch zu besserer Präzision führt, wobei die Verwendung von Krötenherzen und Jungfernblut beim Schießen eine psychologische Hilfe gewesen sein mag. Wir können heute natürlich nicht mehr auseinanderhalten, ob der Vorteil, den diese Freikugeln dem Schützen verschafften, nur in der sorgfältigen und gewissenhaften Herstellung des Geschosses lag, oder ob ganz einfach das Bewußtsein des Schützen, eine unfehlbare Kugel zu verschießen, zu besseren Ergebnissen führte.

Daß auch in unserer so nüchternen Zeit Jäger und Schützen nicht ganz frei von Aberglauben sind, ist hinlänglich bekannt. Wer solche psychologischen Hilfen nicht wahrhaben will, soll einmal folgendes Experiment anstellen:

Einem Schützen, dessen Leistung man kennt, gebe man einmal ganz normale Patronen, die er auch sonst immer verschießt, aber mit dem Hinweis, es handle sich um besondere, neu entwickelte Matchpatronen von höchster Präzision, die vorläufig noch nicht am Markt wären, und die sich auch deshalb äußerlich noch nicht von den üblichen Patronen unterschieden. Diese, aus der Medizin unter dem Namen «Placebo»-Versuch bekannte Manipulation erbringt in 90 von 100 Fällen eine unerwartete Leistungssteigerung. Eben weil der Schütze glaubt, daß die Patronen besser schießen, wird auch er besser schießen, ein Beweis dafür, welche Bedeutung die persönliche Einstellung für das Schießen und Treffen hat.
Auch die Geschichte berühmter Männer des Wilden Westens zeigt uns, daß die Leistung eines Schützen mit rein empirischen Methoden nicht erfaßbar ist. Leute wie Wild Bill, Hichckock, Bat Masterson oder Billy the Kid waren, vom Standpunkt des Sportschützen gesehen, sicher unzulängliche Schützen, die bei keiner heutigen sportlichen Veranstaltung auch nur einen Trostpreis gewonnen hätten; bei einem Zweikampf behielten sie aber deshalb meist die Oberhand, weil sich ihr Wille nur auf eines konzentrierte, nämlich den Gegner so schnell und so sicher wie möglich zu treffen.
Wir sind zwar heute in der Lage, alle Leistungen, die eine Waffe oder Patrone erbringt, genau zu bestimmen und mit anderen zu vergleichen. Es wäre daher sicher möglich, wenn auch mühsam, unter allen Waffen die beste und unter allen Patronen die präziseste herauszufinden. Was wir aber trotz aller Bemühungen nicht messen und erfahren können, ist die Leistungsfähigkeit des Schützen, der vielleicht mit einer weniger perfekten Waffe, die ihm sympathisch ist, besser schießt als mit einer Idealwaffe, zu der er keine innere Beziehung hat.
Wer alle diese Zusammenhänge kennt, wird sich nicht mehr über das besondere Verhältnis des Schützen zu seiner Waffe wundern, weil diese für ihn mehr ist als ein bloßes Sportgerät.

Wie lernt man schießen?

Schießen ist eine Fertigkeit, die zwar dem Menschen nicht angeboren ist, die er aber, ebensowenig wie Schwimmen oder Radfahren, bewußt erlernen muß, wenn er früh genug damit beginnt. Kindern bereitet das Erlernen dieser und ähnlicher Sportarten wenig Schwierigkeiten, weil sie spielerisch lernen, wo Erwachsene nur über den Intellekt zum Ziel kommen.
Dem Anfänger ist aber normalerweise alles, was mit Schießen zu tun hat, völlig fremd. Das Verkehrteste, was ein Neuling tun kann, ist, sich eine Wettbewerbswaffe zu leihen und damit auf eine Wettkampfscheibe in Wettkampfentfernung zu schießen. Auch wenn sich der Anfänger dabei bemüht, die Haltung und den Stil guter Schützen so genau wie möglich zu kopieren, sind diese Versuche reine Munitionsverschwendung. Gleich am Anfang unter Wettkampfbedingungen schießen zu wollen, hat etwa den gleichen Effekt, als wenn ein frischgebackener Führerscheinbesitzer einen Formel I – Rennwagen fahren möchte.
Wer also Schießen schnell und einfach erlernen möchte, braucht zwei Zutaten: eine geeignete Waffe und einen geeigneten Schießstand.

Die geeignete *Waffe* – soweit es die gesetzlichen Bestimmungen zulassen – ist eine billige, kleinkalibrige Selbstladewaffe, mit einfacher, grober Visiereinrichtung. Es ist gleich, ob es sich dabei um eine Pistole oder um ein Gewehr handelt. Hier geht es noch nicht um Spezialisierung, sondern nur um den Vorgang des Schießens und Treffens. Für diese Waffen haben die Amerikaner den unübersetzbaren Ausdruck «Plinking Gun» geprägt. Sie reichen dazu aus, auf kurze Entfernung Konservendosen tanzen zu lassen.
Der geeignete *Schießstand* kann und muß sogar auf Schießscheiben verzichten. Wichtig ist aber, daß jeder Einschlag des Geschosses sofort und für den Schützen deutlich sichtbar wird. Ideal für diesen Zweck ist ein Sandhaufen, aber auch lockere Erde oder eine große Papierbahn können verwendet werden. (Aus Sicherheitsgründen scheidet grober Schotter oder felsiger Hintergrund aus.) Vor diesen Hintergrund wird nun ein attraktives Ziel gelegt, etwa eine Konservendose, eine wassergefüllte Plastikflasche, Luftballons, leere Patronenschachteln, Tontauben oder ähnliches. Gegenstände aus Glas zu verwenden, wäre zwar sehr verlockend, ist aber wegen der Glassplitter, die jahrzehntelang den Schießstand verunreinigen, unverantwortlich.

Dic Entfernung zum Ziel soll anfangs 10 bis 15 Meter nicht überschreiten, damit das Ziel möglichst bald und möglichst oft getroffen werden kann. Das Erfolgserlebnis ist für den Lernerfolg außerordentlich wichtig.

Der Schütze soll sich auch noch nicht mit theoretischen Überlegungen, etwa Haltung, Atemtechnik oder Fußstellung, belasten. Es genügt vollkommen, wenn er zunächst weiß, wie man visiert (s S. 53).

Schon beim ersten Schuß sieht der Schütze unmittelbar den Einschlag des Geschosses, ob nun das Ziel getroffen wurde oder nicht. Ohne viel zu überlegen und in ziemlich rascher Folge werden dann die nächsten Schüsse abgegeben, wobei man instinktiv korrigieren kann, weil ja weniger das Visier als das Ziel beobachet wird.

Eine vorzügliche Unterstützung dieser Lehrmethode wären Leuchtspurpatronen, die es im Kaliber .22 lr. gibt (in der BRD verboten). Sie machen es dem Schützen leicht, den Flug des Geschosses zu verfolgen und durch den Schuß auf das Ziel zu schauen. Achtung: Diese Patronen dürfen nur in Langwaffen, aber nicht in Pistolen oder Revolvern verwendet werden.

Der Vorteil dieser natürlichen und spielerischen Methode liegt darin, daß der Schütze nach einigen Dutzend Schüssen seine Waffe schon halbwegs beherrscht, daß die Scheu vor Schußknall und Rückstoß schnell abgebaut wird, und daß sich die Haltung während des Schießens verbessert, ohne daß der Schütze eigens darauf achten muß. Auch treten Abzugsfehler, die sonst Anfänger lange verfolgen, kaum auf, weil locker und entspannt geschossen wird und nicht der Abzugsvorgang, sondern das Treffen des Zieles im Mittelpunkt der Aufmerksamkeit des Schützen steht.

Erst dann, wenn der Schütze in der Lage ist, die vorgegebenen Ziele schnell, sicher und regelmäßig zu treffen, darf die Distanz zum Ziel vergrößert werden. Gleichzeitig kann man auch damit beginnen, bewußte Verbesserungen an Haltung und Stellung vorzunehmen. Eine Änderung in diesem Bereich ist aber nur dann wirksam, wenn sie ihr Resultat auch im Ziel zeigt. Alles andere, was nicht zu einer sofortigen und deutlich sichtbaren Steigerung der Leistung führt, sollte man sich für später aufheben.

Werden diese Grundsätze bei den Schießübungen eingehalten, und sind auch die äußeren Bedingungen entsprechend, kann der Anfänger nach dieser Methode in einigen Stunden so gut schießen, daß er bereits mit der *Scheibe* beginnen kann. Mit einem Patronenverbrauch von 200 bis 300 Stück sollte jedoch gerechnet werden, was aber bei der Kleinkaliber-Patrone keine großen Kosten bedeu-

tet. Jedenfalls soll man mit der Munition nicht sparen – wer hier knausert, verliert sein Geld an anderer Stelle.
Auch bei den ersten Schüssen auf die Scheibe sollte nicht gleich die volle Wettkampfentfernung gewählt werden. Bei der Pistolenscheibe beginnt man auf eine Distanz von 15 Meter, bei der KK-Scheibe mit etwa 25 Meter. Erst wenn auf diese kürzeren Entfernungen befriedigende Ergebnisse erzielt werden, kann der Schütze gleichsam als Belohnung die Distanz zur Scheibe meterweise vergrößern, bis schließlich die Wettkampfentfernung erreicht ist. Hier wird man auch von der Waffe, mit der man zu schießen begonnen hat, abgehen und auf die normale, für die entsprechende Disziplin vorgeschriebene Waffe umsteigen.
Das Schießen auf die Scheibe erfordert weit höhere Konzentration und Anstrengung als das Schießen auf Konservendosen oder andere Ziele. Ich rate daher dem Anfänger, seine Übungen auf die Scheibe öfter zu unterbrechen, vor allem dann, wenn er nervös und kribbelig wird, ein Zeichen dafür, daß seine Konzentration nachläßt. Die schnellste Lösung des Spannungszustandes wird wieder durch lockeres, schnelles Schießen auf interessante Ziele erreicht. Ein Schütze, der so schießen lernt, wie ich empfohlen habe, wird sehr schnell und sicher weiterkommen, auch wenn er dabei auf einen Schießlehrer verzichten muß. Gute Schießlehrer sind deshalb dünn gesät, weil sie nicht nur gute Schützen sein müssen, sondern auch über Beobachtungsgabe, Einfühlungsvermögen und pädagogischen Takt verfügen sollen. Der Lehrer muß immer das Lob über den Tadel, den Erfolg über den Mißerfolg stellen, den Schüler gleichsam in euphorischer Stimmung halten, bis dieser eine gewisse Festigkeit in seinen Leistungen sowie Selbstvertrauen gewonnen hat. Ich empfehle, lieber allein zu lernen, als einen Lehrer in Anspruch zu nehmen, der dem Schüler vor allem sein eigenes überlegenes Können demonstrieren will.
Wie wichtig eine positive, geistige Einstellung zum Schießen ist, zeigt sich auch darin, daß der Schütze viel besser schießt, wenn er in der Lage ist, einen kräftigen Willen zum Treffer zu entwickeln. Deshalb betone ich so sehr den Wert des Schießens auf lustige, attraktive Ziele, die auf den Treffer reagieren und daher das Schießen mit dem Treffen eng verbinden. Beim Scheibenschießen muß der Schütze die Scheibe hereinholen oder hingehen, wenn er den Treffer sehen will. Der zeitliche und emotionelle Abstand zwischen Schuß und Treffer ist also sehr groß, während ein Ziel, das beim Treffer zerplatzt, zersplittert oder davongeschleudert wird, dem Schützen das Gefühl der unmittelbaren Wirkung vermittelt. Das Bewußtsein des eigenen Könnens trägt aber ungeheuer viel zum si-

cheren Schießen bei. Vor allem beim Wurftaubenschießen bedienen sich viele Schützen dieser psychologischen Hilfe, indem sie einen kräftigen Willen zum Vernichten der Taube entwickeln.
Der zaghafte und ängstliche Schütze erwägt viel zu viel vor dem Schuß, er denkt an seine linke Hand, an den Abzugsfinger, an den Wind und an alles mögliche und verzittert so einen Schuß nach dem anderen. Der entschlossene, willensstarke Schütze dagegen denkt nur an eines – an seinen Treffer im Zehner. Alle Körperfunktionen werden sich diesem Willen unterordnen.
Ich will hier nicht mißverstanden werden: Ohne gute Schießtechnik wird niemand etwas erreichen. Aber ob der Schütze diese Technik auch jemals vollkommen beherrschen lernt, ob er immer dann, wenn es auf einen Treffer ankommt, alle seine Fähigkeiten nur zu diesem Zweck einsetzt, das hängt allein von seinem Willen zum Treffen ab.

Wie man Fehler erkennt

Hat der Schütze die Grundbegriffe des Schießens einigermaßen verdaut, kommt bald der Zeitpunkt, wo er seine Leistung auch ziffernmäßig messen möchte, wo er wissen will, wie viele Ringe ihn noch vom Weltmeister trennen. Dieses Stadium ist sehr reich an Enttäuschungen, und immer besteht die Gefahr, daß der Anfänger ein bestimmtes Leistungsniveau nicht überschreiten kann. Wer feststellt, daß seine Leistungskurve einen Knick zeigt oder, statt anzusteigen, auf gleicher Höhe bleibt, muß versuchen, seine Fehler zu finden und auszumerzen. Dabei kann ein Außenstehender nicht sehr viel helfen, denn ab einer gewissen Größenordnung sind Fehler für den Beobachter nicht mehr zu erkennen. Ist daher der Schütze nicht imstande, selbst festzustellen, was er falsch macht, wird er ewig unterdurchschnittlich bleiben und bald die Freude am Sport verlieren.
Ganz einfach ist es nicht, will man von den Löchern in der Scheibe auf Fehler schließen, die man in 25 oder 50 m davor gemacht hat. Zuallererst muß der Schütze sagen können, wo er abgekommen ist, daß heißt, wohin das Visier im Augenblick der Schußabgabe gezeigt hat. Das ist für den Anfänger schwierig, weil Schußknall und Rückstoß ihn veranlassen, die Augen zu schließen. Wenn der Schütze aber nicht durch den Schuß auf die Scheibe schaut, wird er auch nie wissen, wohin der Lauf beim Schuß gerichtet war. Dieses «Dem-Schuß-Nachsehen» oder «Durch-den-Schuß-Sehen» wird

Zielen heißt:

Auge, ... Kimme, ... Korn . . . mit dem Haltepunkt im Ziel in eine gerade Linie bringen.

Haltepunkte

(Schema - Zeichnungen)

Offene Visierung — Diopter-Visierung (mit Balkenkorn) — Diopter-Visierung (mit Ringkorn)

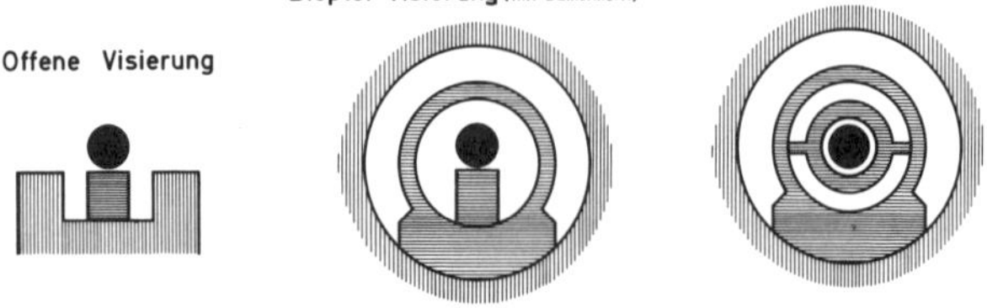

Richtiges u. falsches Zielen

(Schema - Zeichnungen)

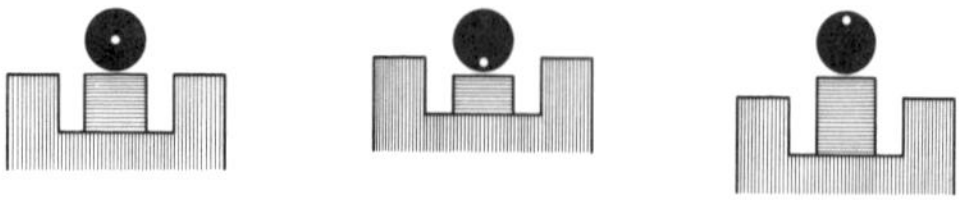

gestrichen Korn	Feinkorn	Vollkorn
Mitte	Tiefschuß	Hochschuß

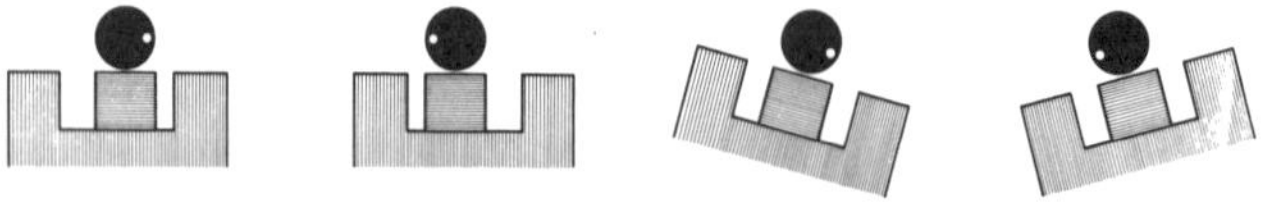

rechts geklemmtes Korn	links geklemmtes Korn	rechts verkantet	links verkantet
Rechtsschuß	Linksschuß	Rechts-Tiefschuß	Links-Tiefschuß

dem leichter fallen, der auf die vorher beschriebene Art schießen gelernt hat.
Kann also der Schütze angeben, wo er mit jedem Schuß abgekommen ist, führt ihn sein Schußbild auf der Scheibe gleichsam wie ein Steckbrief zu seinen Fehlern.
So ein Schußbild entsteht, wenn mehrere Schüsse aus der gleichen Position unter den gleichen Bedingungen hintereinander abgegeben werden. Bei Betrachtung der Scheibe zeigt sich dann, daß sich die Treffer an einer bestimmten Stelle oder in einer bestimmten Richtung zu summieren scheinen. Der Streukreismittelpunkt muß bei korrekt eingeschossener Waffe, bei ordnungsgemäßer Visierung und bei sonstiger Fehlerlosigkeit mit dem Mittelpunkt der Scheibe zusammenfallen, wird aber meistens irgendwo anders liegen. Um nun aus dem Schußbild Fehler erkennen zu können, muß der Schütze hintereinander mindestens 5, besser 10 Schüsse auf die Scheibe abgeben. Während des Schießens soll die Lage der Schüsse nicht kontrolliert werden, weil sonst unbewußte Veränderungen des *Haltepunktes,* also des Punktes, auf den der Schütze die Waffe während des Zielvorganges hält, vorgenommen werden. Die Schüsse, von denen der Schütze sagen kann, daß er schlecht abgekommen ist, liegen sicher außerhalb des Streukreises (sog. Ausreißer) und sind bei der Auswertung außer Betracht zu lassen.
Natürlich muß bei diesem Vorgang die Waffe korrekt eingeschossen sein, sonst hat die ganze Auswertung keinen Sinn, weil ja nicht der Schütze, sondern die Waffe den Fehler macht. Am deutlichsten zeigen sich auf der Scheibe Visierfehler. Diese Fehler sind aber auch am leichtesten zu vermeiden.

Fehler bei der Dioptervisierung wirken sich genauso aus, kommen aber seltener vor.
Bei dieser Gelegenheit möchte ich jedem Anfänger empfehlen, sich von vornherein das Visieren mit beiden geöffneten Augen anzugewöhnen. Wohl ist es anfangs schwieriger, das Visier mit beiden Augen zu kontrollieren, und zwar so, daß das Bild des nicht zielenden Auges unterdrückt wird. Nach einiger Gewöhnung gelingt dies jedoch ziemlich rasch und verschafft den beidäugig schießenden Schützen den Vorteil, nicht immer das eine Auge zukneifen zu müssen. Zudem gibt ihm diese Methode viel bessere Übersicht. Sie ist ohne weiteres auch mit Zielfernrohr anwendbar.

Wird korrekt visiert und treten trotzdem Abweichungen des Streukreises auf, ist die Schuld in *Haltungs- oder Abzugsfehlern* zu suchen. Im einzelnen zeigen sich diese Fehler wie folgt:

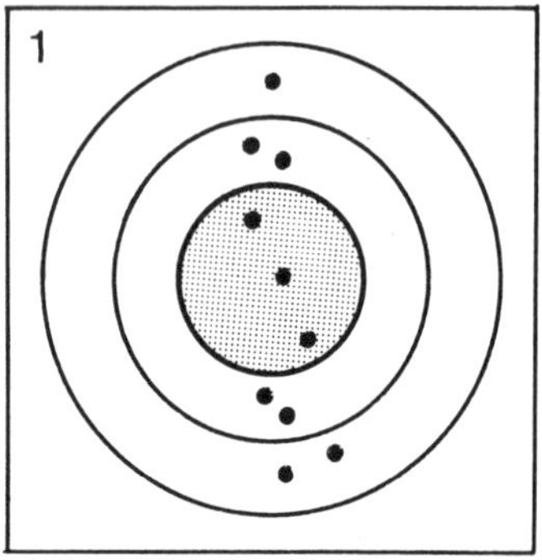
1

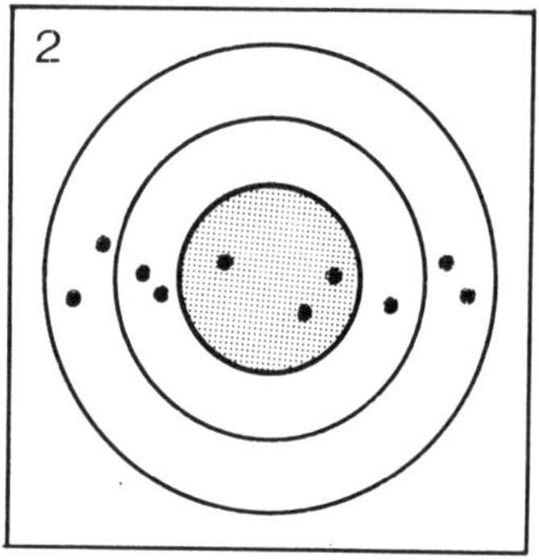
2

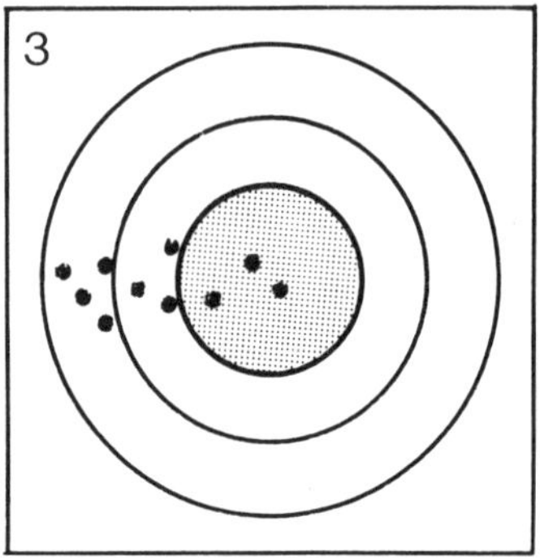
3

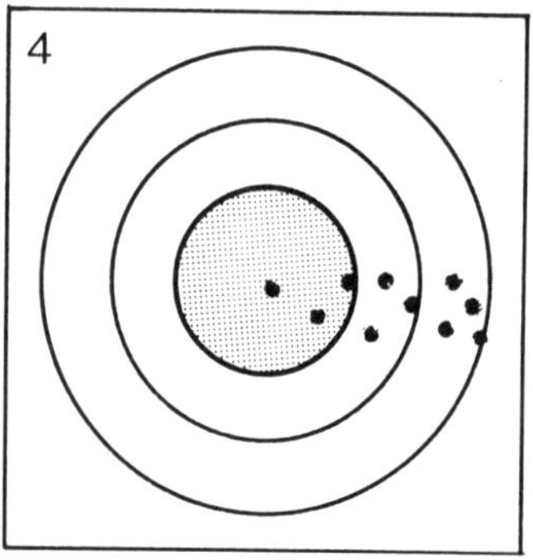
4

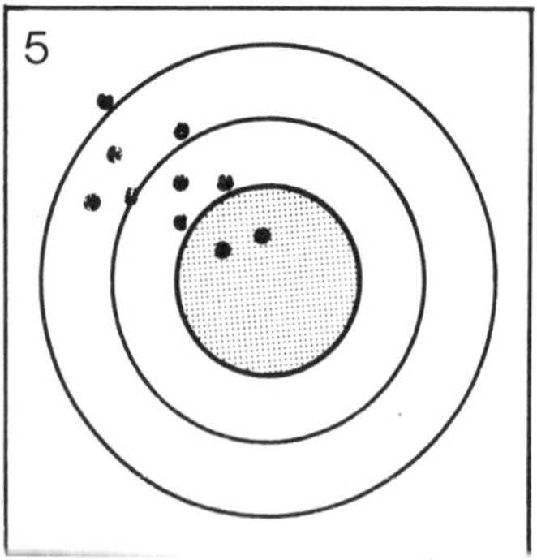
5

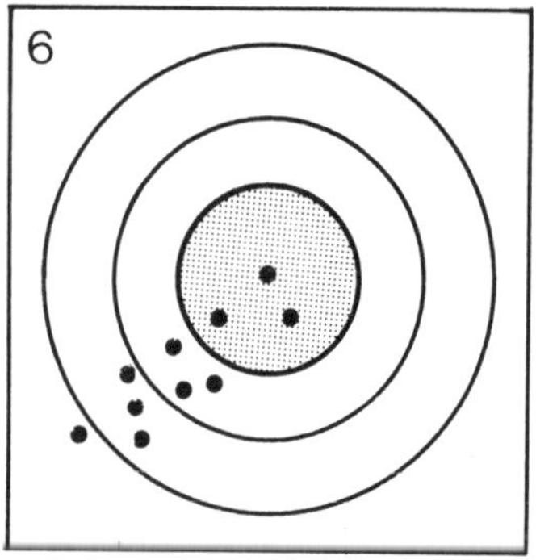
6

1 Gewehrschützen: meist Fehler in der Atemtechnik, schlechte Fußstellung, Pendeln vor- und rückwärts; bei Pistolenschützen oft zu enge Fußstellung.

2 Schütze verkantet die Waffe bei jedem Schuß anders, Pendeln in Querrichtung; bei Pistolenschützen zu weite Fußstellung.

3 Abzugsfinger zu weit über dem Abzug oder berührt das Schaftholz, bei Pistolenschützen Griff zu klein.

4 Bei Pistolenschützen zu großer Griff, Waffe liegt nicht in Verlängerung des Unterarmes.

5 Typisch für Schützen, die nicht nachhalten und durch den Schuß sehen können, besonders charakteristisch für Feuerscheu.

6 Entsteht, wenn der Schütze während des Schusses mit der Schulter gegen den Schaft stößt, um den Rückstoß auszugleichen.

7 Dieser Fehler wird durch Bewegung der rechten Hand bei der Schußabgabe verursacht, mangelnde Abzugsdisziplin.

8 Reiner Abzugsfehler, der Zeigefinger zieht gleichzeitig mit dem Abzug die Waffe nach unten.

9 Kann auftreten, wenn der Schießriemen während des Schießens lockerer wird oder verrutscht, auch Abzugsfehler ist denkbar.

10 Traurig, näher an das Ziel gehen und nochmals den Fehler suchen. Der Schütze macht mehrere Fehler, aber nicht zur gleichen Zeit und in anderer Kombination.

11 Bravo! Hören Sie sofort auf, weiterzulesen.

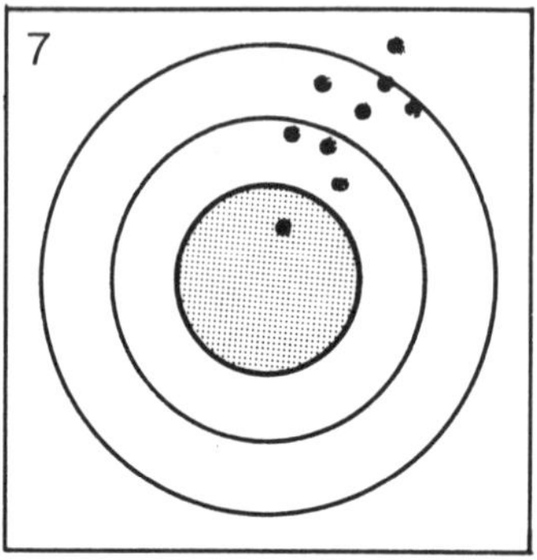
7

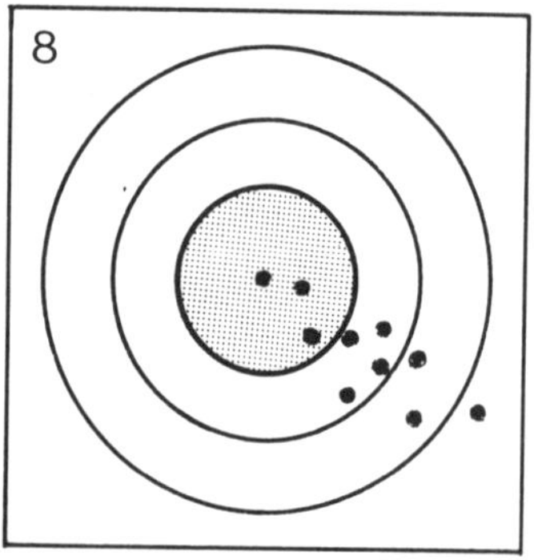
8

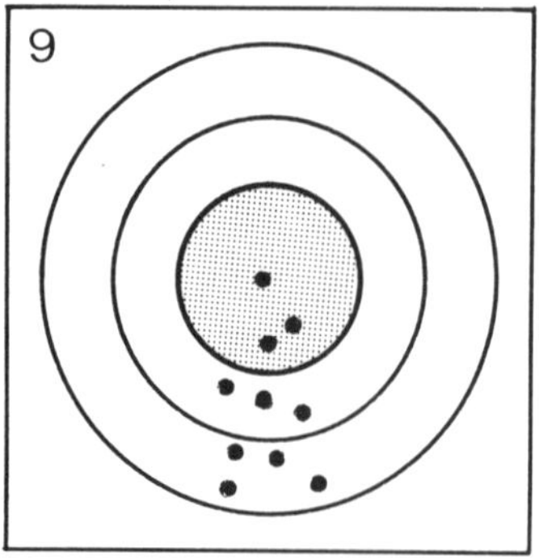
9

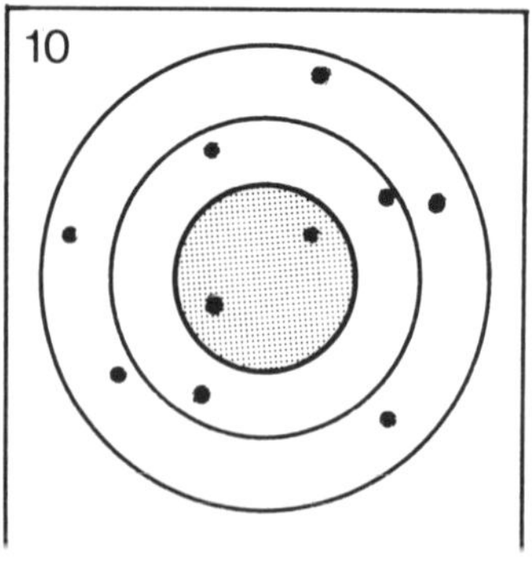
10

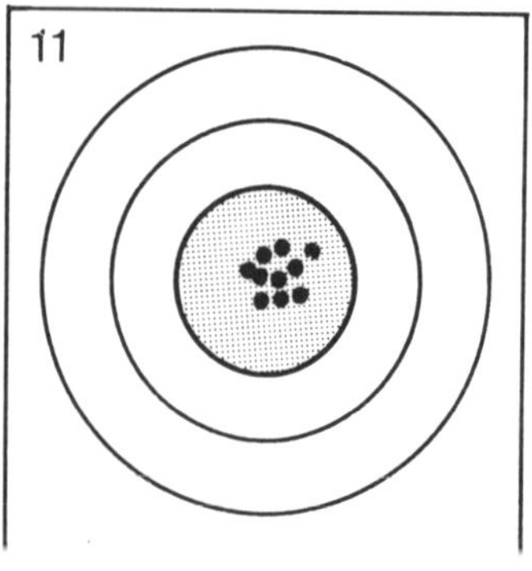
11

Schwierig wird die Angelegenheit, wenn ein Fehler nicht isoliert auftritt, sondern mit anderen Fehlern zugleich (Punkt 10). Dann muß der Schütze seine Phantasie zu Rate ziehen und aus diesen Schußbildern seine möglichen Fehler kombinieren. Die oben gegebenen Beurteilungen unterliegen selbstverständlich einer individuellen Veränderung, je nach körperlicher und geistiger Beschaffenheit des Schützen. Bei der Fehlersuche muß man daher etwas flexibel sein und sich nicht sklavisch an die Bilder halten.
Ein Fehler ist dann erkannt, wenn das Schußbild auf Korrekturversuche entsprechend reagiert. Beispiel: Der Schütze verbessert das Nachhalten – das Schußbild wandert zum Mittelpunkt. Man muß also seine Fehler gleichsam einkreisen und dann sofort die Probe darauf machen, ob der vermeintliche Fehler auch wirklich an der Abweichung schuld war. Daß bei dieser Methode sehr viele Patronen verbraucht werden, ist klar. Aber Ausgaben, die der Schütze hier in Kauf nimmt, lohnen sich doppelt und dreifach.
Eine wertvolle Hilfe zur Selbsterkenntnis stellt auch das Trockentraining dar. Nur muß der Schütze genau die Reaktion des Visiers auf das Abschlagen der Waffe kontrollieren. Darüber wird im Kapitel «Training» (S. 141) berichtet. Die Fehler, die der Schütze erkannt hat, muß er mit gezieltem Training bekämpfen. Vor allem für die Abzugsdisziplin gibt es einige gute Übungen, die im Kapitel «Pistolenschießen» genannt werden, aber auch für Gewehrschützen von großem Nutzen sind.
Haltung und Atemtechnik kann man auch ohne scharfen Schuß verbessern: Der Schütze hält die Waffe gegen einen neutralen Hintergrund, auf dem vorher ein *Haltepunkt* (Nagel, Schußpflaster) markiert wurde. Dann beobachtet er die Reaktion der Waffe und des Visiers auf Haltungsänderung, Atembewegung, Armhaltung so lange, bis er die für ihn stabilste Stellung gefunden hat.
Wenn man gut schießen will, genügt es nicht, nur am Schießstand an sich zu arbeiten. Zumindest in der ersten Zeit sollte der Schütze auch zu Hause mit der Waffe Haltungs-, Abzugs- und Visierübungen machen. Eine einmal erreichte Leistungsstufe wird aber auch nach längerer Trainingspause nicht verschwinden. Ebensowenig, wie man Radfahren oder Schwimmen verlernen kann.

Einschießen

Es gibt Schützen, die ganz beunruhigt sind, wenn sich an einer neuen Waffe beim Einschießen herausstellt, daß am Visier nichts verändert werden muß. Für viele ist nämlich das Einschießen ein subtiles Vergnügen, bei dem der Schütze erst so richtig mit der Waffe zusammenwächst. Obwohl das Einschießen noch immer als besondere Kunst des versierten Büchsenmachers gilt, verfügen die Sportwaffen in der Regel über eine verstellbare Visierung, die es jedem Schützen ermöglicht, die Waffe nach seinen Bedürfnissen einzuschießen.

Jemand, der in seinen Schießleistungen noch nicht ganz beständig ist, sollte aber beim Einschießen vorsichtig sein, damit er nicht seine Fehler in der Waffe verewigt. Wer nämlich einen Fehler beim Abziehen mit dem Visier korrigiert, bringt sich einmal um die Chance, diesen Fehler zu erkennen, und hat zweitens eine falsch eingeschossene Waffe.

Beim Einschießen sollten alle Einflüsse, die vom Schützen auf die Waffe übertragen werden, ausgeschaltet sein. Legt man aber die Waffe zu diesem Zweck auf, darf der Lauf unter keinen Umständen auf eine harte Unterlage kommen, weil sonst der Schuß die Waffe verprellt. Ist das Visier – wie im Normalfall – an der Kimme zu verstellen, gilt folgendes:

Liegen die Schüsse zu tief, muß das Visier höher geschraubt werden, liegen die Schüsse zu weit links, wird es nach rechts gedreht. Man muß die Kimme, bzw. den Diopter also in die Richtung bewegen, wohin der Schuß gebracht werden soll. Die Reaktion des Visiers auf die Drehung der Verstellschrauben ergibt sich aus der Betriebsanleitung, die aber oft nach einigen Wochen auf geheimnisvolle Weise verschwindet. Kluge Waffenhersteller markieren daher diese Schrauben mit den entsprechenden Symbolen, so daß man praktischerweise an der Waffe selbst sieht, wie sich die Kimme bewegt.

Bevor am Visier herumgedreht wird, muß der Schütze in bewährter Weise den Streukreismittelpunkt herausfinden. Um wieviel sich die Treffpunktlage mit einer Rastverstellung am Visier ändert, ist natürlich von Waffe zu Waffe verschieden. Ich empfehle aber, zuerst das Visier ziemlich stark zu verstellen, damit die Reaktion der Treffpunktlage sehr deutlich wird. Es ist leichter und geht schneller, wenn man das Visier wieder zurückstellt, als wenn man sich langsam an den Mittelpunkt herantastet. Ein guter Schütze kann unter guten Bedingungen mit drei Korrekturen jede Waffe zuverlässig einschießen.

Hier mit Patronen zu sparen, ist verkehrt, weil sonst die Waffe nicht richtig eingeschossen wird und die ganze Prozedur wiederholt werden muß.
Das Einschießen kann immer nur für eine bestimmte Entfernung und für eine bestimmte Patronensorte erfolgen. Ändert sich eine dieser Bedingungen, wird sich wahrscheinlich auch die Treffpunktlage ändern, die Waffe muß dann neu eingeschossen werden. Findige Schützen markieren das Visier an der Schraube oder an sonst geeigneter Stelle mit einem Feilenstrich, Farbe oder Nagellack, wenn nicht das Visier selbst eine Nullstellung hat. – Sie können so die Waffe nach Belieben unter geänderten Bedingungen schießen, ohne jedesmal neu einschießen zu müssen.
Bei manchen KK-Gewehr-Bewerben hält der Schütze die Waffe etwas verkantet, um größere Stabilität der Stellung zu erreichen. In diesem Fall ist natürlich das Gewehr unter Berücksichtigung dieser Haltung einzuschießen, damit es der an sich falschen (verkanteten) Visierstellung entspricht. Ein solches Einschießen kann aber nur der Schütze selbst in der entsprechenden Haltung vornehmen. Das Visier ist jetzt bewußt in der Verkantung eingeschossen und stimmt natürlich dann nicht, wenn die Waffe wieder normal gehalten wird. Gerade hier bewährt sich das oben beschriebene Markieren des Visiers, wenn etwa im *Dreistellungskampf* mit der Stellung auch das Kanten der Waffe verändert wird.

Das Schießen mit dem Kleinkalibergewehr

Das sportliche Schießen wird vielfach mit dem Kleinkalibergewehrschießen gleichgesetzt. Diese Schießsportart ist sicher die bekannteste und verbreitetste; sie rückt am ehesten ins Blickfeld der Öffentlichkeit, ihr begegnet der Anfänger zuerst, wenn er auf einen Schießstand kommt.

Fast jeder Schütze, ganz gleich, welche Sportwaffe er jetzt verwendet, hat einmal, zumindest zeitweise, mit dem KK-Gewehr geschossen. Die große Beliebtheit dieser Schießsportart hat zu einer fast nicht mehr zu überbietenden Perfektion der Waffentechnik geführt: Die heute erzeugten KK-Gewehre gelten als die präzisesten Waffen überhaupt und haben in ihrer Schußleistung, Abzugs- und Verschlußkonstruktion, in ihren Schaftformen und Visieren einen Entwicklungsstand erreicht, der kaum mehr zu überbieten sein dürfte.

Für diese Behauptung gibt es verschiedene Indikatoren, die aber nicht nur bei Waffen, sondern auch bei technischen Geräten aller Art darauf hinweisen, daß der Höhepunkt einer Entwicklung erreicht ist: Daß schon geraume Zeit keine umwälzenden Neukonstruktionen mehr auf dem Markt erschienen sind, und daß auch Gewehre, die einige Jahre auf dem Buckel bzw. Schaft haben, durchaus konkurrenzfähig sind. Auch daß Spitzenwaffen bei flüchtiger Betrachtung sich fast zum Verwechseln ähnlich sehen, ist ein Beweis dafür, daß die Konstrukteure, wenn auch von verschiedenen Voraussetzungen ausgehend, schließlich bei einer bestimmten Zweckform landen müssen.

Die konstruktiven Erkenntnisse, die aus dem sportlichen KK-Gewehrschießen gewonnen wurden, haben die gesamte Waffentechnik (vor allem Jagdwaffen) beeinflußt; das KK-Gewehr war und ist stets ein Pionier der Präzision, der Inbegriff genauen Schießens überhaupt

Natürlich ist an diesen Leistungen die Patrone wesentlich beteiligt. Ursprünglich als billige Übungspatrone geschaffen, hat sie eine

steile Karriere bis zur Hochleistungspatrone hinter sich. Nur die ideale Kombination Waffe-Munition kann die heute vom Sportschützen geforderten Leistungen bringen.
Diese Entwicklung hat natürlich auch eine andere Seite: Der Schütze ist sehr von seinem Sportgerät abhängig und wird nur dann gute Erfolge erzielen können, wenn er nicht schon durch die Auswahl seiner Waffe dem Konkurrenten einige Ringe vorgibt.

Waffen

Wie schon angedeutet, hat der Schütze in dieser Schießdisziplin nicht sehr viele Wahlmöglichkeiten, was die Waffen betrifft. Von der Konstruktion her sind fast alle KK-Büchsen ähnlich. Es handelt sich um Einzellader mit Zylinderverschluß, mit vielfältig und fein einstellbarem Abzug, sehr vielen Verstellmöglichkeiten für Schaft und Schaftkappe, mit Zusatzgewichten für Schwerpunktverschiebung, Handstützen und ähnlichem Zubehör.
Die Laufwandung ist ziemlich stark, nicht nur wegen der besseren Gewichtsverteilung, sondern auch, um dem Lauf möglichst viel Stabilität zu geben und Materialschwingungen bei der Schußabgabe zu dämpfen.
Das Visier ist als *Dioptervisier* ausgebildet, das heißt, der Schütze schaut durch ein kleines Loch – das die Funktion der Kimme hat – auf das Korn. Der Diopter ist in weitem Bereich sehr präzise zu verstellen.
Das Gewicht der Waffe ist immer hoch, doch stets an der Grenze des nach den Regeln Erlaubten. Höheres Gewicht bringt dem Schützen ruhigeres und schwingungsgedämpftes Zielen.
Insgesamt macht die Waffe auf den Laien nicht den Eindruck eines Gewehres. Sie ist vielmehr eine perfekte, nur auf einen speziellen Zweck ausgerichtete Schießmaschine.
Im Verhältnis zur Leistung erscheint der Preis für diese Waffen nicht sehr hoch: Wer bereit ist, einen Betrag von 1 000,-- bis 1 500,-- DM hinzublättern, der hat eine Waffe, die sich kaum von der eines Weltmeisters unterscheidet. Im wesentlichen wird der Markt von zwei deutschen Firmen beherrscht, die beide KK-Gewehre in höchster Qualität herstellen. Der Schütze wird sich früher oder später für ein Gewehr einer dieser Firmen entscheiden.
Bei der Auswahl der Waffe muß der Schütze neben der Schußleistung – die bei einer Spitzenwaffe keine Wünsche offen lassen wird – darauf achten, daß ihm selbst die Waffe gut liegt. Je mehr Ver-

stellmöglichkeiten das Gewehr hat, desto besser kann es den körperlichen Gegebenheiten des Schützen angepaßt werden, desto leichter und rascher wird er sich an die Waffe gewöhnen, desto besser wird er auch damit schießen. Es ist ein großer Vorteil, wenn die Möglichkeit des Schaftwechsels besteht, so daß der Schütze z. B. das Gewehr von einem Standardgewehr in eine Freie KK-Büchse verwandeln kann und dafür nur die Kosten eines Wechselschaftes aufbringen muß.

Munition

Kleinkaliberwettbewerbe werden mit der Patrone .22 lr. (.22 lfB) geschossen. Das Geschoß hat einen Durchmesser von 5,6 mm, besteht aus Blei und ist mit einer Fettschicht überzogen, die Bleiablagerungen im Lauf verhindern soll. Der Schütze darf daher die Patronen nicht in der Hosentasche transportieren, weil sonst diese Schicht abgewischt wird, der Lauf überdurchschnittlich verbleit und die Schußleistung darunter leidet.
Auch sonst sind die Patronen sorgsam zu behandeln, damit der weiche Geschoßkopf nicht beschädigt wird. Ein deformiertes Geschoß führt zu unerklärlichen Fehlschüssen.
Nicht jede gute Munition schießt aus jeder Waffe gleich gut. Waffe und Munition müssen zueinander passen. Jeder Schütze sollte daher mehrere Patronensorten ausprobieren, bis er diejenige herausfindet, mit der er die besten Ergebnisse erzielt.
Fast jede größere Firma stellt auch besondere Match- oder Wettkampfmunition her, die sich neben höherer Präzision auch durch einen etwa doppelt so hohen Preis auszeichnet. Die meisten Schützen verwenden daher im Training normale, billige Patronen und steigen erst dann auf Matchmunition um, wenn es ums Ganze geht.

Ausrüstung

Neben Waffe und Munition braucht der KK-Gewehrschütze noch einiges Zubehör. Manches davon ist sehr wichtig, praktisch unerläßlich, anderes nur Aufputz ohne besondere Auswirkung auf die Schußleistung.

Schießriemen:
Für die Liegend- und Knieend-Bewerbe unerläßlich, wird von fast allen Schützen in diesen Positionen verwendet, soweit dies die Re-

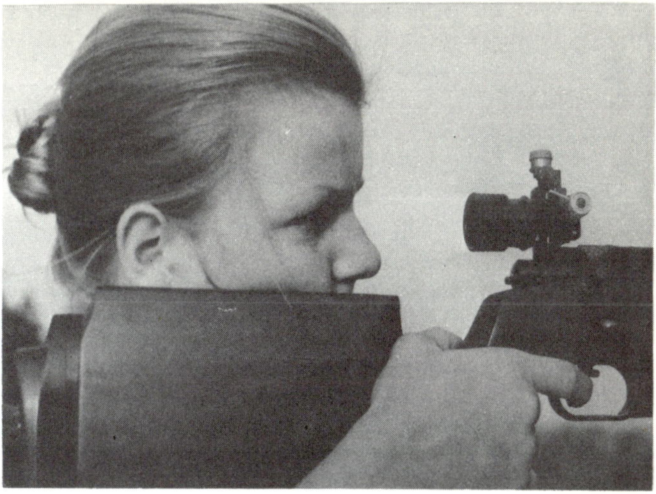

KK-Gewehr
Augenabstand zum Diopter soll zwischen 5 und 15 cm betragen

KK-Gewehr mit Patrone in der Lademulde. Die Patrone soll sehr vorsichtig und schonend eingeschoben werden, damit das Geschoß nicht beschädigt wird.

geln erlauben. Der Schießriemen hilft, das Gewicht der Waffe zu tragen, gibt der Stellung mehr Stabilität. Seine richtige Anwendung wird bei den einzelnen Stellungen beschrieben.

Kniend-Rolle:
Bei der Knieend-Stellung zur Unterstützung des untergeschlagenen Fußes im Rist unerläßlich.

Schießjacke:
Die gepolsterte Jacke hilft dem Schützen beim Auflegen der Ellenbogen und beim Einziehen der Waffe in die Schulter, vermeidet Druckstellen. Die Stärke der Polsterung ist in den Regeln genau festgelegt.

Schießhandschuh:
Für die linke Hand zum besseren und festeren Halten des Schaftes. Ebenfalls Vorschriften beachten!

Schießbrille:
Vor allem für Schützen mit Augenfehlern. Die Schießbrille soll durch ihre Verstellung auch im Anschlag den Blick durch die Mitte des Glases erlauben. Viele Schützen verwenden auch Farbgläser zur Kontrasterhöhung (gelb) oder Lichtdämpfung (grün, blau, braun). Farbgläser können auch in den Diopter eingesetzt werden.

Schuhe:
Schießschuhe mit gerader Sohle, die höher als Halbschuhe hinaufreichen und größere Stabilität geben. Auch die Schuhe sind genau von den Regeln vorgeschrieben (nicht zu hoch).

Der Schütze muß beim Erwerb dieser Ausrüstungsgegenstände unbedingt darauf achten, daß jedes Zubehör auch den Regeln entspricht, denn nichts ist ärgerlicher, als wegen einer Kleinigkeit disqualifiziert zu werden.

Schießtechnik

Jede Schießsportart stellt andere Ansprüche an die Leistungsfähigkeit des Sportlers. So ist beim KK-Gewehrschießen die gute und solide Haltung ausschlaggebend für gute Ergebnisse. Wer über eine ausgefeilte und stabile Haltung verfügt, wird auch bei größeren Schußserien gleichbleibende Leistungen erbringen können.
Bevor aber auf die günstigste Stellung und Haltung in den einzelnen Schießpositionen eingegangen wird, einige allgemeine Grundregeln:

Abziehen

Das *Abzugsgewicht*, also der Widerstand, den der Schütze mit seinem Zeigefinger zum Auslösen des Schusses überwinden muß, unterliegt beim KK-Gewehrschießen keinen Beschränkungen, kann daher nach den Wünschen des Schützen eingestellt werden. Die meisten Schützen bevorzugen natürlich einen sehr leicht eingestellten Abzug, denn je geringer das Abzugsgewicht, desto geringer die Gefahr, den Schuß zu verreißen.

Zum Abziehen sollte das erste Fingerglied genommen werden. Hier sitzen die empfindlichsten Nerven, die Kontrolle ist daher auch viel besser. Die Zugrichtung muß unbedingt in der Verlängerung der Laufachse liegen, sonst wird der Schuß seitlich abgelenkt. Der Abzugsfinger darf auch in keinem Fall am Schaftholz anliegen: In jeder Stellung des Fingers muß sich ein Zwischenraum zwischen ihm und dem Schaftholz befinden. Der Schütze darf nicht bewußt abziehen, nicht den Entschluß zum Schießen mit einer abrupten Bewegung des Fingers verbinden. Kontinuierlich wird der Druck des Zeigefingers auf den Abzug so lange verstärkt, bis der Schuß für den Schützen unerwartet bricht. Der Vorgang erstreckt sich daher über einen gewissen Zeitraum, der zwar mit zunehmender Übung immer kleiner wird, aber nie auf Null zurückgehen kann. Trotz der Abzugsbewegung muß die Waffe weiter so ruhig wie vorher gehalten werden, die Bewegung des Zeigefingers darf keine Bewegung der Waffe provozieren. Die ruhige Haltung der Waffe während und kurz nach der Schußabgabe bezeichnet man als *Nachhalten*. Die Nachhaltedisziplin kann durch Trockentraining rasch verbessert werden.

Visier

Das KK-Gewehr wird durchwegs mit *Dioptervisierung* geschossen (außer beim Schießen auf die laufende Scheibe). Bei der Dioptervisierung sind zwei Kornvarianten möglich: das *Ringkorn* und das *Balkenkorn*. Beide Kornarten werden normalerweise mit den Scheibengewehren mitgeliefert. Für welches Korn sich der Schütze entscheidet, hängt zum Teil auch von der persönlichen Sehleistung ab: Das Balkenkorn verlangt ein besonders gutes Auge, erleichtert aber die Zielerfassung und erlaubt eine Kontrolle darüber, ob die Waffe verkantet ist oder nicht. Der Schütze wird entweder den *Spiegel* der Scheibe (das Schwarze) auf dem Korn aufsitzen lassen oder mit einem kleinen Zwischenraum zwischen Korn und Spiegel schießen. Beide Varianten bringen gute Resultate.

Die meisten Schützen bevorzugen jedoch das Ringkorn, weil die Zentrierung des Spiegels leichter fällt. Nur sollte man nicht den

Diopter mit Höhen- und Seiten-Verstellung

Korntunnel mit Wasserwaage. Mit dieser läßt sich gut kontrollieren, ob das Gewehr verkantet ist oder nicht.

Fehler machen, zu kleine Ringe zu verwenden, in der Meinung, je kleiner das Ringkorn, desto besser auch das Visier. Das Auge wird durch ein zu kleines Korn sehr angestrengt, außerdem verschwimmt der Spiegel vor dem zielenden Auge. Bei der Wahl der Korngröße spielt die Beleuchtung eine große Rolle: Je schlechter das Licht, desto größer muß das Korn sein. Plastik-Ringkorne, die aus einer gelochten Plastikscheibe bestehen, haben sich noch nicht recht durchsetzen können, werden aber von einigen Schützen sehr gerne verwendet.

Der *Diopter* sollte ebenfalls der Leistungsfähigkeit des Auges angepaßt sein – je geringer die Diopteröffnung, desto schärfer das Zielbild, aber umso weniger Licht fällt auf das Auge des Schützen. Sogenannte *Irisblenden* erlauben eine stufenlose Verstellung der Diopteröffnung, sie haben etwa die gleiche Wirkung wie die Blende einer Kameraoptik.

Manche Diopter sind auch für die Aufnahme von Filtern und Farbgläsern eingerichtet, deren Wirkung bei der Schießbrille bereits besprochen wurde.

Der Augenabstand vom Diopter soll ca. 5-15 cm betragen. Der Schütze soll diesen Abstand aber nicht durch Verändern der Kopfhaltung einstellen, sondern den Diopter auf der Visierschiene verschieben.

Atmung

Jeder Schütze wird feststellen, daß das Gewehr während der Atembewegung nicht ruhig gehalten werden kann: Beim Lösen des Schusses muß daher das Atmen unterbleiben. Der größte Fehler dabei wäre, Luft zu holen und dann den Atem anzuhalten. Diese Methode ist nur für Taucher, nicht aber für Schützen geeignet, weil die Anspannung, die durch das krampfhafte Anhalten der Luft entsteht, den ganzen Körper zittern läßt. Der Schütze darf daher den Atemvorgang nicht unnatürlich unterbrechen, sondern muß nur die Pause, die normalerweise vor dem Luftholen liegt, verlängern und in dieser Atempause den Schuß lösen. Länger als höchstens 10 Sekunden darf die Pause aber nicht ausgedehnt werden, weil sonst der ganze Atemrhythmus für längere Zeit gestört bleibt und der Schütze eine zu lange Erholungszeit vor dem nächsten Schuß braucht. Innerhalb dieser kurzen Zeitspanne müssen daher das Zielen und das Lösen des Schusses erfolgen. Kommt man mit der Zeit nicht zurecht, sollte vier bis fünf Atemzüge lang pausiert und erst dann wieder der ganze Vorgang des Zielens und Abziehens eingeleitet werden.

Das Halten der Waffe
Der Schütze muß das Gewehr in jeder der drei Stellungen über längere Zeit ziemlich unbeweglich halten können. Diese Anforderung ist nur dann zu meistern, wenn die Muskeln nicht allzusehr angespannt sind. Je größer die Muskelanspannung, um so schneller ermüdet der Schütze. Mit müden, zitternden Muskeln aber kann niemand gut schießen. In jeder der Haltungen kommt es darauf an, das Gewehr so viel wie möglich durch Körperstützung mit geringer Beanspruchung der Muskeln tragen zu lassen. Und zwar so, daß zur Stabilisierung des Gleichgewichts möglichst wenig Kraftaufwand notwendig ist. Schütze und Waffe bilden ein einheitliches physikalisches System. In jeder Stellung ist auf das Gleichgewicht dieses Systems zu achten.

Liegend-Stellung

Die Liegend-Stellung ist die stabilste Stellung überhaupt. Hier können die höchsten Ringzahlen erreicht werden. Hat der Schütze einmal die für ihn günstigste Stellung gefunden, kann er alle seine Schüsse am Zehner halten, wenn er keine Abzugs- oder Visierfehler begeht.
Der Körper liegt gerade und entspannt, etwas schräg zur Schußrichtung. Das linke Bein bildet die Verlängerung des Rückgrates, die linke Fußspitze ist nicht nach außen, sondern nach innen, zur Fußmitte gedreht. Das rechte Bein wird angezogen, das Knie gebeugt.
Der linke Arm wird so aufgestützt, daß der Ellbogen nicht genau unter der Waffe liegt, sondern etwas links davon. Der Winkel, den der linke Unterarm mit der Unterlage bildet, darf nicht kleiner als 30°sein. Der Vorderschaft liegt auf dem Handballen auf, die Finger selbst halten die Waffe nicht. Die Lage der linken Hand am Schaft wird durch den *Handstop* nach vorne begrenzt. Bei der Befestigung des Schießriemens am Oberarm muß darauf geachtet werden, ihn nicht zu fest anzuziehen und ihn entweder oberhalb oder unterhalb des Bizeps zu befestigen.
Der rechte Ellenbogen darf auch nicht zu nahe an der Waffe oder am Körper sein – der Schütze muß danach trachten, die Stützfläche möglichst breit zu halten – je breiter die Auflagefläche, desto mehr Stabilität.
Auch für die Liegend-Stellung ist gerade und aufrechte Haltung des Kopfes wichtig: Nicht der Kopf soll zur Waffe, die Waffe soll zum Kopf gebracht werden.

Kniend-Stellung

Sehr viele Schützen erbringen in der Kniend-Stellung fast so gute Ergebnisse wie in der liegenden Position. Dadurch, daß hier drei Stützpunkte zur Verfügung stehen, nämlich linker Fuß, rechter Fuß und rechtes Knie, erreicht man in dieser Stellung sehr große Stabilität, sofern das Gewicht gut verteilt wird. Ob der Schütze nun mehr Gewicht auf seine rechte Ferse oder auf seinen linken Fuß legt, ist individuell verschieden. Jeder Schütze muß die für ihn geeignete Gewichtsverteilung durch Versuche ermitteln. Keinesfalls aber sollte das Knie zu viel Körpergewicht tragen müssen. Von hinten gesehen, muß das Rückgrat eine gerade Linie bilden, die direkt auf den rechten Fuß trifft. Da der Schütze auf diesem Fuß sitzt, muß der Rist des Fußes durch eine *Kniend-Rolle* unterstützt werden, sonst hält man diese Stellung nicht lange aus. Die Maße dieser Rolle sind durch die Regeln genau festgelegt. Sie wird meist auf dem Schießstand zur Verfügung gestellt. Die Füllung dieser Rolle soll weder zu hart noch zu weich sein, damit die Rolle zwar stützt, aber nicht drückt.

Der linke Ellbogen wird auf das Knie des linken Beines gestützt, und zwar so, daß der Unterarm mit dem Unterschenkel eine möglichst gerade Linie bildet. Größere Stabilität wird erreicht, wenn der linke Fuß etwas einwärts gedreht ist.

Der *Handstop* und der Schießriemen werden wie beim Liegend-Schießen verwendet, der Riemen muß aber sicher in seiner Länge verstellt werden.

Für die Haltung des rechten Armes können keine allgemein verbindlichen Empfehlungen gegeben werden. Fast alle Haltungen, von herabhängend bis hochgehalten, sind anzutreffen.

Die Kniend-Stellung bringt für den untrainierten Schützen deshalb einige Probleme, weil nach einiger Zeit rechtes Knie und Fußrist zu schmerzen beginnen. Auch Durchblutungsstörungen – Einschlafen der Gliedmaßen – kommen vor. Dagegen kann spezielles Gewöhnungstraining helfen, auch dürfen Kleidung oder Schuhe keine Druckstellen aufweisen.

Stehend-Stellung

In der Kniend- und Liegend-Stellung bringt vor allem eine gute und stabile Stellung die Ringe. Ein Schütze, der diese Stellungen beherrscht, wird ziemlich sicher laufend gute Ergebnisse erzielen. Die Stehend-Stellung aber ist von allen drei Stellungen die diffizilste. Auch perfekte Schützen können das Gewehr stehend nie so ruhig wie in den beiden anderen Positionen halten. Die Schwierigkeit des Stehend-Schießens zeigt sich schon bei einem Blick auf die Rekordlisten. Die hier erreichten Ringzahlen liegen doch wesentlich unter den übrigen Rekorden. Schwierig ist es auch, Haltungsformen für diese Stellung zu empfehlen, die für alle Schützen gleich gut brauchbar sind. Die individuellen Erfordernisse führen dazu, daß fast jeder Schütze kleine, für ihn nützliche Änderungen an der Standardhaltung vornimmt.

Die Stellung sollte immer von den Füßen her aufgebaut werden. Der Schütze steht ca. im rechten Winkel zur Scheibe, die Füße sollen weder allzu eng, noch allzu weit gestellt sein. Da das ganze Gewicht der Waffe frei gehalten werden muß, beugt man am besten den Oberkörper etwas zurück, steht also kreuzhohl, damit das Gewicht am Brustkorb ruhen kann und die Arme weniger Haltearbeit leisten müssen.

Die günstigste Stellung findet man heraus, wenn man das Gewehr bei nach oben gerichtetem Lauf in die Schulter einsetzt, sich dabei in den Hüften zurücklehnt und gleichzeitig zur Scheibe dreht.

Die linke Hand unterstützt den Schaft ziemlich weit hinten, meist kurz vor dem Abzugsbügel, so daß der Ellbogen des linken Armes auf den Hüftknochen gestützt werden kann. Nur so ist eine ermüdungsfreie und ruhige Haltung möglich.

Auch wenn eine *Handstütze (Champignon)* von den Regeln erlaubt wird, verwenden nicht alle Schützen dieses Zubehör. Der Anfänger soll die Handstütze jedenfalls erst dann zu Hilfe nehmen, wenn er auch sonst eine gute Haltung erworben hat.

Bei der Haltung des rechten Armes gilt dasselbe, was schon unter «Kniend-Stellung» gesagt wurde: Entweder wird er angehoben oder locker und entspannt nach unten hängen gelassen. Auch bei der Stehend-Stellung muß der Kopf gerade gehalten werden. Um die gerade Kopfhaltung beibehalten zu können, sollte die Schaftkappe verstellt werden. Manche Schützen verkanten auch die Waffe, dabei muß aber beachtet werden, daß sich die Treffpunktlage ändert, außerdem gehört großes Können dazu, das Verkanten von Schuß zu Schuß gleich durchzuführen.

Stehender Anschlag

Kniender Anschlag

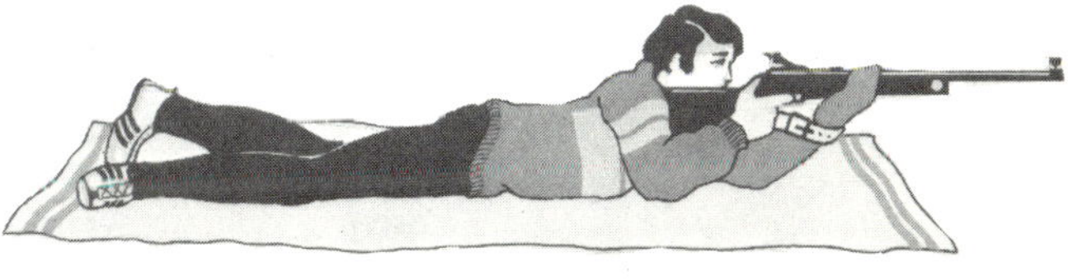

Liegender Anschlag

Die einzelnen Wettbewerbe

Die nachfolgenden Bewerbe werden entweder mit dem *Freien KK-Gewehr* oder mit dem *Standard-Gewehr* geschossen. Die Entfernung ist jeweils 50 m.

Freies KK-Gewehr
Dafür gibt es von den Regeln her nur folgende Beschränkungen: Maximalgewicht 8 kg; der Pistolengriff darf weder auf dem Riemen noch auf dem linken Arm aufliegen; der Haken der Schaftkappe darf nicht länger als 153 mm sein, der Schaft darf keine zusätzlichen Stützeinrichtungen aufweisen; kein Zielfernrohr, keine optischen Zielhilfen.

Standard-Gewehr
Es ist noch weiter beschränkt als das Freie KK-Gewehr: kein Stecher; die Schaftkappe darf nur jeweils um 3 cm nach oben oder unten verschoben werden können; Lochschaft, Handstütze, Wasserwaage, Hakenkappe sowie der Schießriemen in der Stehend-Stellung sind verboten.
Gewicht nur 5 kg. Weitere Abmessungen, die für den Schaft vorgeschrieben sind, werden in der Regel schon von den Herstellern beachtet.
Natürlich ist als Kaliber nur die Patrone .22 lr. zugelassen.

Englisch Match
(Freies KK-Gewehr, Standardgewehr für Damen und Junioren).
60 Schüsse liegend innerhalb einer Zeit von 2 Stunden. Die angegebenen Schießzeiten schließen jeweils auch die Probeschüsse ein.

Freies KK-Gewehr-Dreistellungsmatch
120 Schüsse in den drei Stellungen, und zwar:
40 Schüsse liegend in 1 1/2 Stunden, dann
40 Schüsse stehend in 2 Stunden und schließlich
40 Schüsse knieend in 1 3/4 Stunden.
Zwischen den einzelnen Bewerben muß eine Pause von mindestens 15 Minuten liegen.
Beim Dreistellungsmatch ist bemerkenswert, daß die Wettbewerbe hauptsächlich in der Stehend-Stellung gewonnen werden. Das heißt, der beste Stehend-Schütze hat auch die größten Chancen, das ganze Match zu gewinnen. Ein Grund mehr, diese Stellung ganz besonders zu trainieren.

KK-Standardgewehr- Dreistellungsmatch
60 Schüsse, in jeder Stellung je 20.
Das Match ist in einer Gesamtzeit von 2 1/2 Stunden zu absolvieren.

In allen diesen Bewerben wird auf die Kleinkaliberscheibe geschossen.

Scheibengewehr 100 m
Zugelassen sind Scheibenstutzen vom Kaliber 8,15 x 46 R und KK-Gewehre, beide vom Maximalgewicht 7,5 kg.
Diese Disziplin wird nur im stehenden Anschlag geschossen. Die dabei verwendete Zehnkreisscheibe hat einen Zehner von 50 mm Durchmesser, die übrigen Ringe jeweils im Abstand von 25 mm.

Zimmerstutzen 15 m
Recht ähnlich den Luftgewehrbewerben, Kaliberbegrenzung höchstens 4,65 mm, nur stehender Anschlag, Zehnkreisscheibe, Durchmesser der Ringe jeweils 4,5 mm.

Laufende Scheibe (Keiler)

Diese Disziplin kommt aus dem jagdlichen Übungsschießen und hat sich inzwischen zu einem sehr beliebten und interessanten Wettbewerb entwickelt. Der wesentliche Unterschied zu allen anderen KK-Wettbewerben besteht darin, daß auf eine Wildscheibe – ein laufendes Wildschwein (in der Jägersprache: Keiler) –, die quer zur Schußrichtung läuft, geschossen werden muß. Die zählenden Ringe sind wesentlich größer als die der normalen 50 m-KK-Scheibe. So mißt der Zehnerring 60 mm und der Einserring 366 mm. Dies entspricht aber den durch die Bewegung erschwerten Visier- und Trefferbedingungen.

Waffen für die Laufende Scheibe
Auch die Waffen, die in diesem Wettbewerb verwendet werden, sind hochspezialisiert und auf die Erfordernisse des schnellen und bewegten Schießens ausgerichtet, so daß hier die üblichen KK-Gewehre nicht eingesetzt werden können. Wohl entspricht das Kaliber (.22lr.), der Verschluß und das Abzugssystem der Gewehre für die Laufende Scheibe weitgehend den anderen KK-Büchsen, sonst aber gibt es wesentliche Unterschiede:

Die Gewehre dürfen mit einem Zielfernrohr ausgestattet sein, daher haben die Waffen keine normale Visiereinrichtung, sondern eine Schiene zur Zielfernrohrbefestigung. Die Zielfernrohre haben meist variable Vergrößerung (3-9fach). Am günstigsten scheint 8-9fache Vergrößerung zu sein. Allzustarke Vergrößerung erschwert die Zielerfassung und das ruhige Führen der Waffe, zu geringe Vergrößerung verhindert genaues Zielen.
Das übliche *Fadenkreuz* ist für diesen Wettbewerb nicht geeignet, damit müßte der Schütze zulange suchen. Statt eines Fadenkreuzes wird normalerweise ein Punkt in der Mitte des Visierbildes oder ein *Zweistachelabkommen* verwendet. Bei diesem Zweistachelabkommen sind zwei aus der Mitte stehende Stacheln angebracht, die dem Schützen ein fixes Vorhaltemaß geben. Mit welchen Zielfernrohr-Absehen der Schütze die besseren Ergebnisse erzielt, muß jeder für sich ausprobieren.
Die Läufe der Büchsen für die Laufende Scheibe sind durchwegs kürzer gehalten, weil ein kurzer Lauf natürlich leichter zu schwingen ist als ein langer. Das ruhige Schwingen der Waffe wird durch ein *Laufgewicht*, das an der Mündung befestigt ist, sehr erleichtert. Der Vorderschaft ist ziemlich breit und voluminös, damit die linke Führungshand einen festen Griff hat.
Von den Regeln her ist das Waffengewicht einschließlich Zielfernrohr auf 5 kg beschränkt, das Abzugsgewicht darf nicht weniger als 500 g betragen.

Schießtechnik

Der Schütze muß das Erscheinen der Scheibe in der *Fertig-Stellung* erwarten, bei der die Schaftkappe die Hüfte berührt. In dieser Stellung sollte der Schütze aber seine linke Hand bereits in der richtigen Anschlaghöhe halten, so daß die Waffe nur mehr mit dem Schaft zur Schulter gebracht werden muß und ohne weitere Bewegung auf das Ziel zeigt. Der linke Arm darf nicht, wie beim KK-Gewehrschießen, an der Hüfte abgestützt werden, sondern muß frei gehalten werden. Die linke Hand befindet sich daher auch viel weiter vorne. Die Fußstellung muß so gewählt werden, daß die Schwenkbewegung nicht durch die Stellung der Füße gesperrt oder begrenzt ist. Die Schneise, in der die Scheibe sichtbar ist, hat eine Breite von 10 m und wird im *Langsamlauf* in 5 Sekunden und im *Schnellauf* in 2,5 Sekunden durchlaufen. Im Schnellauf muß daher der Schütze die Scheibe viel früher und schneller erfassen als im Langsamlauf. Das Mitschwingen der Waffe muß unbedingt waagrecht und ohne Höhenschwankung ausgeführt werden, damit sich der Schütze nur auf die Seitenrichtung und auf das Vorhalten kon-

zentrieren kann. Trotz der geforderten Schnelligkeit des Anschlages muß der Körper als Ganzes möglichst ruhig bleiben. Die Schwingbewegung geht von der Hüfte aus. Alle Bewegungen sollen fließend und ruckfrei ausgeführt werden, das Abziehen darf den Bewegungsfluß nicht unterbrechen, die Schwenkbewegung setzt sich auch nach dem Schuß fort. Zu frühes Absetzen der Waffe führt zu Fehlschüssen.
Weil sich die Laufende Scheibe quer zum Schützen bewegt, muß der Schütze *vorhalten*, das heißt, er darf nicht in die Mitte der Scheibe (auf den Zehner) zielen, weil sich ja die Scheibe in der Zeit, die das Geschoß zum Zurücklegen der 50-m-Distanz braucht, weiterbewegt. Der Schütze muß daher auf einen gedachten Punkt der Scheibe zielen, der beim Schnellauf etwa an der Rüsselspitze (Jäger mögen mir verzeihen) des Keilers, beim Langsamlauf beim Auge liegt.
In diesem Bewerb verwenden manche Schützen Hochgeschwindigkeitspatronen (high-speed). Infolge der höheren Geschoßgeschwindigkeit braucht mit dieser Patrone nicht so weit vorgehalten zu werden.
Wenn man für diesen Bewerb trainiert, ist es angebracht, das Vorhaltemaß an der Scheibe selbst mit einem Punkt, der gut sichtbar ist, zu markieren (Farbstift, farbiges Schußpflaster) und auf diesen Punkt zu zielen.

Regeln
Bei jedem Vorbeilauf der Scheibe darf nur ein Schuß abgegeben werden. Normalerweise besteht ein Programm aus 60 Schuß, und zwar 30 im Langsam- und 30 im Schnellauf.
Mischzeit-Läufe bestehen aus zwei Serien zu je 20 Schuß; innerhalb der Serien werden Langsam- und Schnelläufe gemischt, so daß der Schütze nicht weiß, ob nun die Scheibe schnell kommt. Innerhalb der Serie müssen jedoch gleichviele Schnell- und Langsamläufe vorkommen.
Ist der Schütze fertig zum Schießen, ruft er die Scheibe auf, die dann in etwa 4 Sekunden erscheinen muß (wenn die Maschine keinen Defekt hat).
Der erste Lauf erfolgt immer von rechts nach links. Dann kommt die Scheibe dort heraus, wo sie verschwunden ist.

Das Schießen mit dem Großkalibergewehr

Ein Schütze, der Großkalibergewehr schießen will, wird oft sehr lange nach einem geeigneten Schießstand suchen müssen. Nicht nur Platzmangel verbietet meist die Einrichtung eines 300 m-Standes; stabiler Kugelfang und besonderer Lärmschutz verlangen Investitionen, die über die normalen Kosten eines KK-Schießstandes hinausgehen.
Dieser Umstand erklärt auch, warum in dieser Disziplin überdurchschnittlich viele Schützen aus dem Militärstand kommen.
Das Großkalibergewehr ist nur für Schützen geeignet, die schon eine gewisse Übung und Fertigkeit im Schießen überhaupt besitzen; Anfänger sollten daher erst einige Zeit mit dem KK-Gewehr schießen, bevor sie sich dem Großkalibergewehr zuwenden.

Waffen

Da das Schießen mit dem Freigewehr und Großkaliberstandard-Gewehr, abgesehen von Entfernung und Kaliber, im wesentlichen nach den Regeln des Dreistellungskampfes abläuft, sind die dabei verwendeten Waffen äußerlich den KK-Gewehren recht ähnlich.
Das Visier ist ebenfalls eine Dioptervisierung, der Schaft besitzt alle Merkmale der KK-Gewehre.
Die Waffen selbst sind sehr oft von militärischen Gebrauchswaffen abgeleitet.
Der wesentliche Unterschied liegt jedoch im Kaliber: Zugelassen sind Kaliber bis 8mm. Das Kleinkaliber .22 lr ist natürlich für diese weite Schußentfernung nicht mehr geeignet; die Reichweite und Leistung dieser Patrone ist dazu viel zu gering.

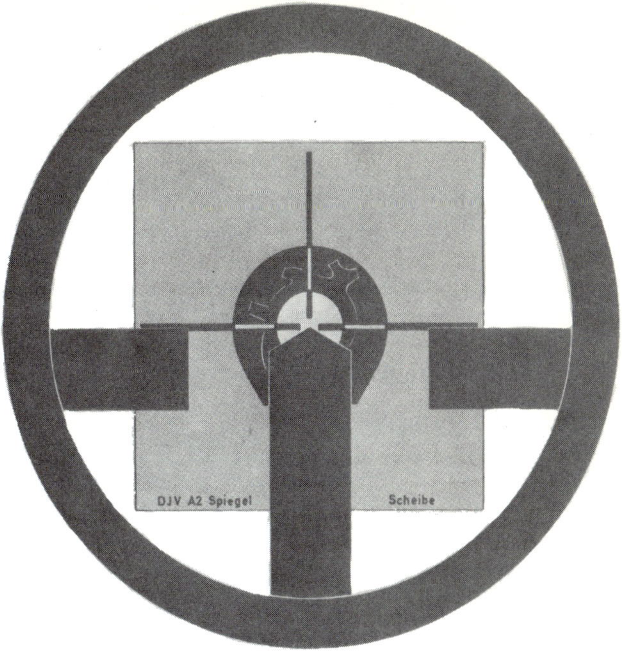

Geschlossene Visierung mit Absehen 1 (Normalabsehen).

Patronen

Am meisten verwendet wird die Patrone vom Kaliber .308 (7,62 x 51 mm), die als Militärpatrone in allen NATO-Staaten, mit Ausnahme der USA, eingeführt ist. Wegen der weiten Verbreitung und ihrer Beliebtheit auch in Jägerkreisen ist diese Patrone in sehr vielen Laborierungen, auch als Matchpatrone, erhältlich. Sie zeichnet sich durch große Präzision und ausreichende Mündungsgeschwindigkeit aus, so daß die Flugbahn über die 300 m-Distanz ziemlich gestreckt verläuft.
Auf diese große Entfernung spielt natürlich das außenballistische Verhalten des Geschosses sowie die Geschoßform eine große Rolle; der Schütze muß von seiner Patrone neben der erwähnten gestreckten Flugbahn vor allem auch Seitenwindstabilität verlangen können. Sehr viele Schützen in dieser Disziplin laden ihre Patronen selbst, um dadurch höhere Präzision erreichen zu können.

Schießtechnik

In Haltung und Abziehtechnik unterscheidet sich das Großkaliber-Gewehrschießen kaum von den KK-Waffen. Die stärkere Patrone hat aber schon einen spürbaren Rückstoß und verlangt, daß sich der Schütze darauf einstellen kann. Durch jeden abgegebenen Schuß wird die Stellung des Schützen gewissermaßen erschüttert, kann daher schwerer als beim Kleinkalibergewehr wiedergefunden werden.
Ein weiteres Problem bilden die Einflüsse, die während des langen Weges zum Ziel auf das Geschoß wirken. Wohl muß auch der KK-Gewehrschütze die Windrichtung beachten, aber in der 50 m-Distanz kann er den Seitenwind über die ganze Entfernung einschätzen, während auf 300 m beim Schützen andere Verhältnisse als in Zielnähe herrschen können.

Regeln

Geschossen wird auf eine *Zehnringscheibe*, die von Ring zu Ring einen Abstand von 10 cm hat. Das Zentrum mißt im Durchmesser ebenfalls 10 cm, der schwarze Spiegel umfaßt die Ringe 10 - 5. Aus der Nähe betrachtet, wirkt die Scheibe sehr imposant und scheint schwer verfehlbar zu sein. In der Wettkampfdistanz entspricht sie jedoch für das Auge etwa der KK-Scheibe.
Das Schießprogramm besteht aus 120 Schüssen, je 40 in liegender, kniender und stehender Stellung. Die Zeiten, in denen die Schüsse abzugeben sind, entsprechen den KK-Bewerben, auch die übrigen Regeln sind gleich.
Für die Waffen gelten die gleichen Beschränkungen wie für KK-Bewerbe, mit Ausnahme des Kalibers – lediglich beim Großkaliber-Standardgewehr gibt es eine Begrenzung des Abzugsgewichtes auf mindestens 1500 g.
Das Standardgewehr-Programm besteht aus 60 Schüssen, davon je 20 in jeder Stellung, Schußzeit insgesamt 2 1/2 Stunden. Für den Großkalibergewehr-Schützen gibt es noch den Wettbewerb mit dem Militärgewehr, wobei nur Waffen zugelassen sind, die auch in der Armee verwendet werden. In dieser Disziplin wird normalerweise mit Zielfernrohr geschossen.
Bei vielen anderen Sportarten, wie etwa im Militärischen Fünfkampf und im Biathlon, schießen die Teilnehmer entweder mit dem Freien-, mit dem Standard- oder mit dem Militärgewehr. Ge-

rade bei diesen Wettkämpfen kann man oft beobachten, daß ein Sportler, der in den anderen Disziplinen gut abschneidet, seine Chancen durch schlechte Schießergebnisse vergibt. Das liegt vor allem daran, daß die Teilnehmer nach leichtathletischen Kriterien ausgesucht werden und das Schießen mehr oder weniger nebenbei betreiben, eben weil es sein muß. Für gute Schützen wäre es daher überlegenswert, einmal den umgekehrten Weg zu versuchen und dann an solchen Wettbewerben teilzunehmen.

Das Schießen mit dem Luftgewehr

Die Idee, Geschosse mittels komprimierter Luft durch den Lauf zu treiben, ist schon sehr alt. Das Luftgewehr nimmt in der Geschichte der Waffe einen festen Platz ein. Zur Zeit der Vorderlader waren die *Windbüchsen* wegen der Möglichkeit, damit mehrere Schüsse hintereinander abgeben zu können, sowie ihrer Unempfindlichkeit gegen Witterungseinflüsse und des geringen Schußgeräusches sehr beliebt. Das Aufpumpen der Luftkammer brauchte im Verhältnis zum Ladevorgang der Pulvergewehre wenig Zeit, die Schußleistung war durchaus befriedigend. Bekannt ist die Verwendung von Windbüchsen im Tiroler Freiheitskampf; wie gefürchtet und wirksam diese Waffen waren, geht schon daraus hervor, daß die Besatzungsmacht jeden, der mit einer Windbüchse erwischt wurde, zum Tode verurteilte.
Mit zunehmender Verbesserung der Feuerwaffen, vor allem mit der Einführung der Hinterlader, verloren die Windbüchsen ihre frühere Bedeutung und hatten bis in die jüngste Zeit bestenfalls das Image eines Kinderspielzeuges. Das hat sich jedoch gründlich geändert: Aus einem Spielzeug für die heranwachsende Jugend und einer gelegentlichen Trainingswaffe entwickelte sich das Luftgewehr heute zu einem eigenständigen und präzisen Sportgerät. Der Grund für die wachsende Beliebtheit des Luftgewehrschießens liegt vor allem in den verschwindend geringen Kosten für die Munition, dem schwachen Knall, der keine Nachbarn belästigt, und darin, daß jeder auch zu Haus mit dem Luftgewehr schießen kann; schließlich in der restriktiven Waffengesetzgebung, die den Erwerb anderer Waffen immer mehr erschwert hat.

Die Entwicklung geht dahin, immer neue Wettbewerbe für das Luftgewehr aufzustellen: Wurde ursprünglich nur stehend geschossen, gibt es jetzt in zunehmendem Maße *Dreistellungskämpfe* und Versuche, die Laufende Scheibe in das Luftgewehrprogramm einzubeziehen.

Waffen

Wer je als Kind mit einem einfachen Luftgewehr geschossen hat, wird wissen, daß der Prellschlag der vorschnellenden Feder, die die Luft komprimiert, die Waffe erheblich aus dem Gleichgewicht bringen kann.
Das Hauptanliegen der Konstrukteure von Wettbewerbswaffen besteht daher darin, bei der Schußauslösung jede Erschütterung der Waffe zu vermeiden. Im wesentlichen kann dies durch drei Maßnahmen erreicht werden:

1. Verwendung von CO_2-Kapseln, die das komprimierte Gas enthalten und bei denen der Abzug nur ein Ventil freigibt. Der Nachteil dieser Konstruktion besteht darin, daß durch Temperatur- und Luftdruckschwankungen auch in der Waffe Druckschwankungen entstehen, die zu abweichenden Treffergebnissen führen können.

2. Ein Federkolben komprimiert die Luft vor dem Schuß und vermeidet so beim Schuß eine ungewollte Bewegung.

3. Der Schlag des Federkolbens wird durch Ausgleichsgewichte oder Rücklauf ausgeglichen.

Zu einem dieser Systeme zu raten, ist schwer, denn bei genügend technischem Aufwand und präziser Herstellung sind kaum Leistungsunterschiede zu bemerken.
Jedenfalls werden die Schießstände auch hier von den Erzeugnissen deutscher Firmen beherrscht.
Die üblichen billigen Luftgewehre besitzen diese aufwendigen Prellschlagausgleiche nicht, sind daher bestenfalls als Übungswaffen geeignet, für sportliche Zwecke reichen sie keinesfalls aus.
Die Preise von Match-Luftgewehren stehen den Preisen für KK-Gewehre nicht sehr viel nach.

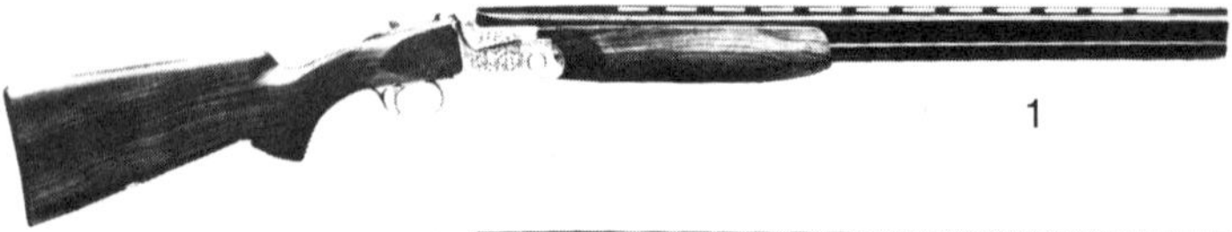
1

2

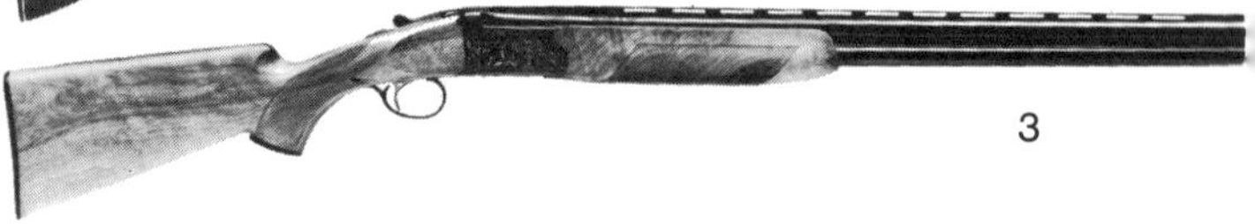
3

4

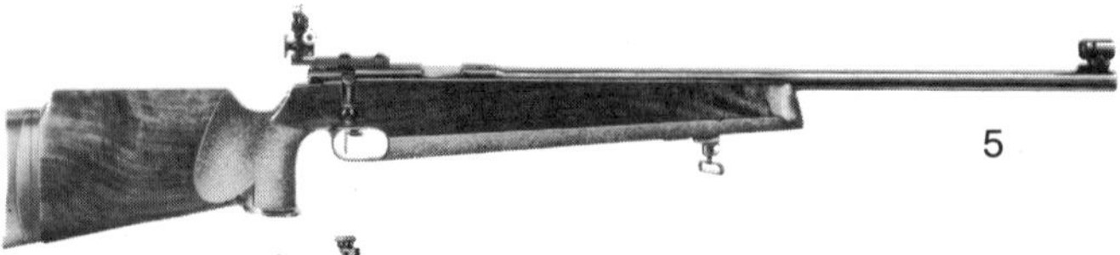
5

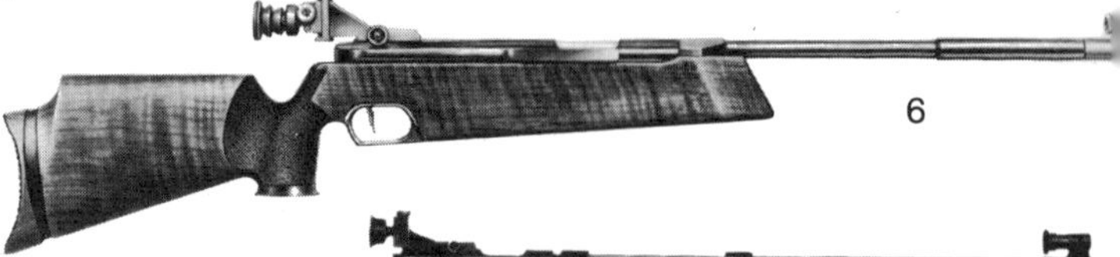
6

7

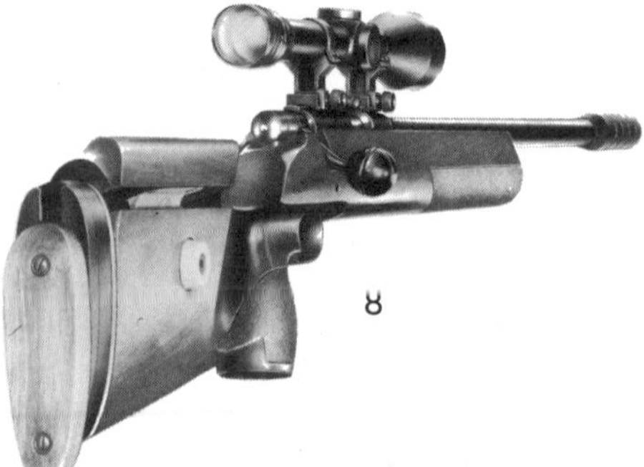
8

Munition

Das Kaliber der Luftgewehre muß im sportlichen Wettkampf 4,5mm betragen (.177); nur *Bleigeschosse* sind erlaubt. Geschossen wird praktisch nur mit sogenannten *Diabolos*, die in der Taille eine Einschnürung haben. Die Leistung der Waffe ist sehr stark von der Qualität der Diabolos abhängig. Besonders sorgsame Behandlung der Geschosse, die sich sehr leicht deformieren, ist daher unbedingt erforderlich. Einige Hersteller liefern Matchpackungen, in denen die Kugeln einzeln verpackt und somit weitgehend geschützt sind.

Wurftaubenflinten

1 Skeetflinte

2 Englischer Schaft

3 Deutscher Schaft mit Pistolengriff

4 Vorderschaftrepetierer (Pumpflinte). Der Schütze repetiert durch Zurückziehen und Vorschieben des Vorderschaftes. Das Magazin befindet sich im Rohr unterhalb des Laufes.

Wettkampfbüchsen

5 Feinwerkbau-Luftgewehr. Die Waffe unterscheidet sich auf den ersten Blick nur wenig von einem KK-Standard-Gewehr.

6 Anschütz KK-Standard-Gewehr

7 Walther Freies KK-Gewehr mit verschiebbaren Zusatzgewichten unter dem Lauf.

8 Anschütz Spezialgewehr für die Laufende Scheibe mit verstellbarer Schaftkappe und verstellbarem Schaftrücken.

Schießtechnik

Die Schießtechnik des Luftgewehrschützen unterscheidet sich nicht von der des KK-Gewehrschützen, nur daß eben der Luftgewehrschütze nicht durch Schußknall und Rückstoß gestört wird. Das heißt aber nicht, daß er es einfacher hätte als der KK-Schütze: Er muß viel länger und besser nachhalten, weil die Geschoßgeschwindigkeit geringer ist, daher das Geschoß länger im Lauf bleibt und auch länger beeinflußt werden kann. Bewegungen des Gewehres nach dem Lösen des Schusses verschlechtern die Leistung mehr als bei jeder anderen Waffe. Der Schütze muß daher das Gewehr auch nach dem Abziehen ruhig halten, seine Konzentration darf nicht nachlassen.
Außerdem bedeutet das Spannen der Waffe nach jedem Schuß eine nicht zu unterschätzende körperliche Anstrengung, die sich dann auf der Scheibe auswirken wird, wenn der Schütze nicht entsprechend trainiert ist.

Regeln

Zugelassen sind Waffen nach dem CO_2-System und solche, die mit komprimierter Luft arbeiten.
Das Höchstgewicht der Waffe mit Zusatzgewichten darf 5 kg nicht überschreiten.
Keine Beschränkung des Abzugsgewichtes, jedoch kein Stecher.
Kaliber 4,5mm, nur Bleigeschosse.
Optische, vergrößernde Visierhilfen (Zielfernrohre) sind verboten.
Geschossen wird auf die bekannte *Luftgewehr-Zehnringscheibe*: der Zehner mißt 1 mm, die übrigen Ringe sind je 2,5 mm breit.
Der Spiegel (das Schwarze) umfaßt die Ringe 4-10.
Derzeit wird in Meisterschaften nur in der Stehend-Stellung geschossen, und zwar 40 Schüsse auf eine Entfernung von 10 m. Wie schon angedeutet, wird das Programm für das Luftgewehr ständig erweitert.

Das Schießen mit der Pistole

Das sportlich betriebene Pistolenschießen ist, historisch gesehen, eine der jüngeren Schießsportarten. Während Armbrust-, Gewehr- und Bogenschießkonkurrenzen schon immer parallel zu der jeweiligen kriegerischen und jagdlichen Verwendung dieser Waffen ausgetragen werden, blieb die Pistole lange Zeit ein sportliches Stiefkind. Vor allem lag dies an der sehr geringen Präzision der kurzen, hauptsächlich für die Verteidigung bestimmten Waffen.
Die Vergangenheit spiegelt sich auch darin wider, daß die Pistole Einhandwaffe geblieben ist, obwohl jeder, der etwas sicher treffen möchte, doch die zweite Hand zu Hilfe nehmen könnte. Der Reiter aber, für den die Pistole als Waffe ursprünglich bestimmt war, mußte die Waffe mit einer Hand halten, weil er ja die zweite Hand für das Pferd brauchte. Obwohl kein Schütze heute mehr vom Pferd herab schießen muß, darf er dennoch nur eine Hand benützen.
Das Pistolenschießen hat aus zwei Gründen gegenüber allen anderen Schießsportarten besondere Anziehungskraft:
Erstens unterscheiden sich die dabei verwendeten Waffen nur wenig von Gebrauchs- und Verteidigungswaffen, dem Ganzen wird dadurch eine realistische und wirklichkeitsbezogene Note verliehen.
Zweitens aber stellt die Pistole als Sportwaffe an den Schützen besonders hohe Anforderungen: Die Visierlinie ist – entsprechend der Lauflänge – sehr kurz, Visierfehler wirken sich viel stärker als bei jeder anderen Waffe aus, außerdem muß die Pistole einhändig abgefeuert werden – jeder noch so kleine Fehler beim Abziehen führt zwangsläufig zu schlechten Schüssen. Man kann daher oft beobachten, daß ein sonst sehr guter Schütze mit der Pistole nicht zurechtkommt, während aber gute Pistolenschützen auch mit anderen Waffen ohne zusätzliche Übung recht brauchbare Ergebnisse erzielen. Kein Schütze, der wirklich am Schießsport interessiert ist, sollte sich daher einseitig nur auf einen Waffentyp be-

schränken; hin und wieder betriebenes Pistolenschießen verbessert die Leistung auch in anderen Disziplinen.
Obwohl der Ausdruck «Pistolenschießen» für alle Arten des Schießens mit Faustfeuerwaffen gebraucht wird, verwendet man neben einschüssigen und Selbstladepistolen auch Revolver. Die Regeln lassen alle diese Systeme zu, der Schütze wird sich jedoch immer für die Waffe entscheiden müssen, die in der jeweiligen Disziplin am geeignetsten ist.

Schießtechnik

Haltung und Anschlag

Vom schießtechnischen Standpunkt aus gesehen wäre es ideal, wenn die Achse des Laufes die Verlängerung des Unterarmes bildete. Die Kräfte, die durch den Abzugsvorgang und den Rückstoß entstehen, würden dann bei der Schußabgabe die Lage der Waffe nicht beeinflussen. Den Konstrukteuren sind aber sowohl durch die sportlichen Regeln als auch durch andere Konstruktionselemente, wie Trommel, Magazin, Schlitten, gewisse Grenzen gesetzt, so daß Waffen, die diesem Ideal nahekommen, höchstens bei den Freien Pistolen zu finden sind.
Der Schütze muß daher die Pistole oder den Revolver immer so hoch wie möglich fassen. Bei Pistolen bildet der zurückgehende Schlitten die oberste Grenze, bei Revolvern der gespannte Hahn; höher kann man also nicht greifen, ohne die Funktion der Waffe zu beeinträchtigen oder Verletzungen zu riskieren.
Von oben und von unten gesehen muß jedoch die Laufachse unbedingt in der Verlängerung des ausgestreckten Unterarmes liegen. Dabei kommt es sehr darauf an, ob die Dicke des Griffes der Größe der Hand entspricht – zu dicke Griffe lassen die Waffe nach rechts, zu dünne nach links zeigen, Fehlschüsse in diese Richtung sind die Folge.
In jedem Fall ist es vorteilhaft, wenn der stützende Mittelfinger ge-

---

Bild oben: Griff an der Waffe zu tief, unsichere und instabile Haltung.

Bild Mitte: Revolver korrekt gehalten. Der Daumen ist entlang des Rahmens ausgestreckt. Bei sehr starken Ladungen Verletzungsgefahr

Bild unten: Anschlag mit der Sportpistole. Daumen liegt auf der Daumenauflage des Griffes.

1

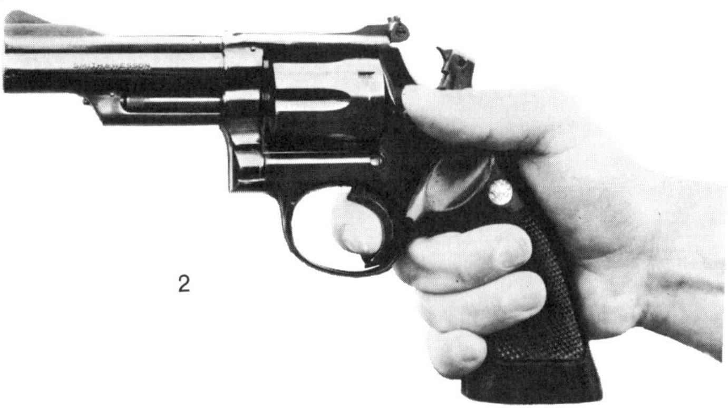

2

3

nügend Auflagefläche hat, schließlich hat dieser Finger das Hauptgewicht der Waffe zu tragen.
Der Schütze, der seine Waffe zu fest faßt, wird schnell ermüden, die Muskeln der Hand verkrampfen sich. Einen Mittelweg zwischen zu festem und zu lockerem Griff findet man nach einiger Übung von selbst.
Die Haltung des Daumens erlaubt einige Variationen: Hat der Griff eine sogenannte Daumenauflage, wird der Daumen darauf gelegt, sonst kann er entweder in Zielrichtung ausgestreckt oder an die übrigen Finger angelegt werden. Letztere Daumenhaltung empfiehlt sich bei rückstoßstarken Patronen oder beim Double-Action-Schießen.

Stellung zum Ziel
Die Stellung, die der Schütze zum Ziel einnimmt, soll bequem sein und wenig Anstrengung erfordern. Gerade die Stellung zum Ziel hat im Laufe der Zeit die vielfältigsten Änderungen erfahren. Als noch Pistolenduelle modern waren, stellte sich der Schütze mit der Schmalseite zum Gegner (Ziel) auf und streckte den Arm in Verlängerung des Schultergürtels aus – weniger aus sportlichen Erwägungen, als deshalb, um dem Gegner ein möglichst kleines Ziel zu bieten. Da heutzutage das Ziel nicht mehr zurückschießt, kann diese Stellung ruhig aufgegeben werden.
Normalerweise ist eine Position von ca. 45 ° zur Ziellinie am günstigsten, die Füße stehen etwa in Schulterbreite. Steht man zu frontal zum Ziel, pendeln die Schüsse in der Vertikalen, wendet man sich zu sehr ab, kommt es zu Horizontalabweichungen.
Der Arm muß gestreckt sein, das Schießen mit gebeugtem Arm, das auch heute noch hie und da zu sehen ist, bringt keine guten Ergebnisse. Das Ellbogengelenk soll aber nicht durchgedrückt, sondern zwanglos gestreckt sein.
Auch der Kopf soll möglichst aufrecht und zwanglos gehalten werden. Visiert der Schütze aus dem Augenwinkel heraus oder über die Schulter hinweg, führt dies zu schneller Ermüdung. Sehr viele Schützen wissen nicht, was sie mit der zweiten Hand anfangen sollen, und lassen sie herunterhängen; das ist aber deshalb ungünstig, weil dadurch das Gleichgewicht während des Zielvorganges gestört wird. Besser tut man daran, diese Hand irgendwo zu fixieren, entweder in die Hosentasche zu stecken oder in den Gürtel einzuhängen – so werden unkontrollierte Bewegungen vermieden. Oft wird auch die zweite Hand quer in die Kreuzgegend gelegt, eine Haltung, die außerdem den Vorteil hat, sehr überlegen auszusehen.

Abziehen
Das saubere und gute Abziehen beim Pistolenschießen ist deswegen eine so schwierige Sache, weil der Bewegungsablauf, der dabei angestrebt wird, die Hand biomechanisch überfordert. Wer ohne Waffe versucht, mit dem Zeigefinger das Abziehen zu simulieren, wird beobachten können, wie sich die anderen Finger unkontrolliert mitbewegen. Da die Hand gewöhnt ist, mit allen Fingern zugleich zuzupacken, muß der Zeigefinger durch besonderes Training sozusagen verselbständigt werden, eben wie auch ein Klavier- oder Geigenspieler seine Finger üben muß. Der Schütze hat es natürlich viel einfacher als ein Menuhin, er muß ja nur einen Finger üben. Zu der angestrebten Selbständigkeit des Abzugsfingers braucht man keine Waffe – es genügt, die Hand ruhig zu halten und sich auf die Bewegung des Fingers zu konzentrieren. Wer die Sache einigermaßen beherrscht, ist zwar noch kein Meisterschütze, aber auf gutem Weg dazu.
Je geringer der Abzugswiderstand, desto leichter kann der Schütze den Abzug kontrollieren. Mit Ausnahme der Freien Pistole ist daher ein *Mindestabzugsgewicht* vorgeschrieben, damit die Chancengleichheit gewahrt bleibt. Zwei Waffen mit gleichem Abzugsgewicht können doch in ihrer Charakteristik ganz verschieden sein, je nachdem, ob der Abzug vor der Schußauslösung einen Weg zurücklegt oder *trocken* steht. Das heißt, der Schuß wird erst ausgelöst, wenn ein bestimmter Druck erreicht wird, ohne daß sich der Abzug vorher bewegt. Dieser Abzug wird im Pistolenschießen meist bevorzugt, weil der Zeigefinger praktisch keine Bewegung machen muß und deshalb die Stabilisierung der Waffe nicht beeinträchtigt. (Aus demselben Grund ist wichtig, daß auch nach der Schußauslösung der Abzug nicht durchfällt, sondern durch einen *Abzugs- oder Triggerstop* gefangen wird).
Der Vorgang des Abziehens geht also folgendermaßen vor sich: Der Schütze verstärkt den Druck auf den Abzug kontinuierlich so lange, bis der Schuß für ihn selbst unerwartet ausgelöst wird. Dies mag eigenartig klingen, tatsächlich kann man mit der Pistole nur dann etwas treffen, wenn man nicht genau weiß, wann der Schuß bricht. Der Moment der Schußauslösung wird also über einen gewissen Zeitraum gedehnt, der natürlich mit zunehmender Übung immer kürzer wird und schließlich mit der willentlichen Schußauslösung zusammenzufallen scheint. Aber sogar bei schnellster Schußabgabe wird der Schütze diesen Vorgang, wenn auch in instinktiver und äußerst verkürzter Form, beibehalten müssen.
Niemand kann die Pistole mit einer Hand völlig unbeweglich halten, die Waffe pendelt daher mit kleineren und größeren Ausschlä-

gen im Ziel, der Haltepunkt ist in Wirklichkeit eine Haltefläche. Der Schütze darf nun keinesfalls versuchen, den Schuß genau in dem Moment abzugeben, in dem das Visier gerade stimmt. Der Druck auf den Abzug sollte dann verstärkt werden, wenn sich die Waffe dem Ziel nähert, und bleibt gleich, wenn sie aus dem Ziel pendelt, bis schließlich der Schuß fällt. Der Druck des Abzuges muß – von oben gesehen – genau in Richtung der verlängerten Laufachse erfolgen, sonst gibt es Seitenabweichungen. Aus demselben Grund darf der Abzugsfinger den Griff der Waffe an keiner Stelle berühren.
Die meisten Schützen ziehen mit dem ersten Fingerglied ab, weil hier die beste Empfindlichkeit gegeben ist. Je weiter der Finger in den Abzugsbügel gebracht wird, desto größer ist auch die Gefahr, den Schuß zu verreißen. Bei höherem Abzugswiderstand haben jedoch nicht alle Schützen genug Kraft im Finger und ziehen daher in der Beuge zwischen erstem und zweitem Fingerglied ab.
Es gibt einige Tricks, sich rasch sauberes Abziehen beizubringen. Der beste davon, mit dem man sich auch andere Unarten, wie z.B. Feuerscheu, abgewöhnt, besteht darin, die Waffe während des Schießens einmal unerwartet leer abzuziehen. Revolverschützen haben es leicht: Man läßt eine Kammer der Trommel leer und spielt umgekehrtes Russisches Roulette – nicht der Schuß, der Versager ist die Überraschung, der sehr schön alle Abzugsfehler zeigt. Pistolenschützen müssen sich eines Helfers bedienen, der die Waffe nach seinem Belieben geladen oder ungeladen übergibt.
Sehr nützlich ist es auch, eine Münze auf das Korn der Waffe zu legen und trocken abzuziehen, wobei die Münze nicht herunterfallen darf. Dieses Spiel eignet sich auch als Wettbewerb für stille Winterabende und erzieht zu großer Abzugsdisziplin. Natürlich gehört Trockentraining unbedingt dazu; der Schütze soll dabei in erster Linie bestrebt sein, die Geschwindigkeit des Abzugsvorganges immer mehr zu steigern, um so aus der bewußten, überlegten Bewegung einen unbewußten und automatisch ablaufenden Vorgang zu machen.

Visierung

Auch heute glauben noch viele Schützen, daß man um so besser zielen könne, je feiner die Visierung sei. Diese Ansicht hat sich schon lange als Irrtum herausgestellt, weil es bei der Visierung

ohne optische Hilfsmittel (Zielfernrohr) nicht auf die Feinheit ankommt, sondern darauf, wie das Visier im Verhältnis zum Ziel eingesetzt werden kann.
Für den Schützen bietet sich die Scheibe optisch als schwarzer Kreis dar. Einzelne Ringe sind nicht erkennbar. Es hat also keinen Sinn, den Zehnerring anzuvisieren, den man nicht sieht; der Schütze muß sich andere Fixpunkte suchen. Bei der Pistolenscheibe, aber auch bei anderen Zielscheiben, ist dies der untere Rand des Spiegels (des Schwarzen). Jeder, auch der geometrisch Unbegabte, kann aber am unteren Tiefpunkt eines Kreises eine Tangente anlegen, so daß demnach das Balkenkorn mit gerader Kimmenoberkante weitaus am besten geeignet ist und auch heute ausnahmslos verwendet wird.
Die korrekten Visierbilder wurden im Abschnitt «Schießen und Treffen» gezeigt. Die Sportwaffen sind alle *Spiegel-aufsitzend* eingeschossen, so daß der Spiegel sozusagen auf dem Korn balanciert. Ob nur das Korn den Spiegel optisch berührt, oder ob sich zwischen beiden ein kleiner Zwischenraum befindet, muß jeder Schütze für sich selbst entscheiden, je nachdem, mit welcher Variante er besser zurechtkommt.
Das Balkenkorn hat durchschnittlich eine Breite von 3 mm, die Kimme ist entweder eine Rechteckkimme oder eine U-Kimme. Letztere wird von manchen Schützen deswegen geschätzt, weil sie das Klemmen des Kornes besser zeigt.
Die bekanntesten Visierfehler wurden im Bild gezeigt, sie sind aber bei einiger Aufmerksamkeit zu vermeiden. Das Verkanten der Waffe ist eigentlich kein Visier-, sondern ein Haltungsfehler, der bei guten Griffen nicht vorkommen dürfte.
Das Auge kann nicht auf alle Entfernungen zugleich scharf eingestellt werden, dies ist ein Problem der Tiefenschärfe. Der Schütze steht daher vor der Entscheidung, ob er das Visier oder das Ziel scharf sehen will. Da sich Fehler im Bereich des Visiers stärker auswirken, muß die Schärfe unbedingt auf das Visier, etwa im Bereich des Kornes gelegt werden, das Ziel kann ruhig etwas unscharf sein.
Besonders beim Pistolenschießen bewährt sich die Empfehlung, beim Zielen beide Augen offenzuhalten. Das Gehirn sorgt schon dafür, daß das unwichtige Bild des nicht zielenden Auges unterdrückt wird. Dies geschieht nach einiger Übung ganz von selbst nach dem Mechanismus eines Vexierbildes, und die Fähigkeit bleibt – einmal erlernt – für immer erhalten.
Helle und glänzende Stellen im Bereich des Visiers sind zu beseitigen, dies kann durch Schwärzen, Brünieren, Mattieren geschehen.

Freie Pistole

Der Name dieser Waffe kommt daher, daß die sportlichen Regeln – mit Ausnahme des Kalibers und der Visierung – für diese Waffe keine Beschränkungen vorschreiben. Die Freie Pistole hat sich daher am meisten vom ursprünglichen Erscheinungsbild der Faustfeuerwaffe entfernt und gleicht in ihrer heutigen hochspezialisierten Form kaum mehr einer Gebrauchswaffe.

JAls Domäne ausgesprochener Spezialisten ist die Freie Pistole dem Anfänger nicht anzuraten, weil nur jemand, der schon gute Schießleistungen mit der Sportpistole erbringt, damit zurechtkommt.

Geschossen wird auf die normale Pistolenscheibe, nur eben auf eine Entfernung von 50 m.

Erlaubt ist lediglich das Kaliber .22 (5,6 mm). Optische oder vergrößernde Visiere sind verboten, sonst gibt es weder Gewichts- noch Längenbeschränkungen; die Pistole muß aber mit einer Hand gehalten werden können, der Griff darf nur die Hand und nicht den Arm unterstützen.

Das hervorstechendste Merkmal der Freien Pistole ist der sogenannte *orthopädische Griff*, der die Hand möglichst weitgehend umschließt. Die Waffe wird fast wie ein Handschuh angezogen. Der Griff muß natürlich angemessen sein und überall genau anpassen. Dies schließt aus, daß die Waffe von einem anderen Schützen verwendet wird, was besonders beim Kauf einer gebrauchten Waffe beachtet werden sollte.

Der Abzug ist in der Regel als *Stecher* ausgebildet, wird also mit einem separaten Hebel vorgespannt, die Schußauslösung erfolgt auf leichtesten Druck. Überdies gibt es für den Abzug die vielfältigsten Einstellmöglichkeiten. Die Idee, den Abzug elektrisch zu betätigen, geistert schon lange herum, praktisch verwendet wird dieses System noch nicht.

Natürlich verwendet man bei der Freien Pistole *Einzelladungsverschlüsse*, meist *Blockverschlüsse*, die auch eine sehr kurze *Zündverzugszeit* ermöglichen.

Nicht sehr viele Firmen stellen Freie Pistolen her. Der Markt ist nicht groß genug und wird nur von wenigen Marken beherrscht. Die Preise der Pistolen sind entsprechend ihren Leistungen und ihrer handwerklichen Präzision sehr hoch.

Der Schütze, der die Freie Pistole schießen will, muß über besondere Abzugsdisziplin verfügen, obwohl der Abzug sehr leicht steht. Dazu gehört auch der Wille, einen Schuß nur dann abzugeben, wenn Visier, Haltung und Abzug hundertprozentig stimmen,

und lieber den ganzen Vorgang zu unterbrechen, als unüberlegt zu schießen.
Das Programm für die Freie Pistole besteht aus 60 Schüssen, für die der Schütze 2 1/2 Stunden Zeit hat.

Schnellfeuerpistole

Auch diese Waffe ist besonders spezialisiert: Beim Schnellfeuerwettbewerb müssen fünf nebeneinanderstehende *Figuren-Scheiben* in kurzer, begrenzter Zeit getroffen werden. Hierbei kommt es auf Schnelligkeit der Ziel- und Visiererfassung, auf ruhiges Bewegen der Waffe und auf sauberes, rechtzeitiges Abziehen an.
Je weniger die Waffe den Rückstoß spüren läßt, desto ruhiger kann sie geführt werden: Schnellfeuer wird daher hauptsächlich mit der Patrone .22 kurz (short) geschossen, die weniger Rückstoß hat als die normale KK-Patrone. Außerdem haben die meisten Konstruktionen rückstoßmindernde Einrichtungen.
Die Regeln beschränken die Waffen für diesen Wettbewerb in folgender Weise:
Höchstgewicht 1 260 g, Kaliber 5,6 mm (.22); die Waffe muß in einen Behälter mit den Maßen 300 x 150 x 50 mm passen; keine optischen oder Spiegelvisiere. Ein Mindestabzugsgewicht ist nicht vorgeschrieben, die meisten Schützen stellen den Abzug auf etwa 400-600 g ein.
Bei der Schnellfeuerpistole ist das Waffenangebot wesentlich größer als bei der Freien Pistole. Viele Schützen bevorzugen eine Waffenmarke mit *Trainingsabzug,* der fünf hintereinander abgegebene Schüsse simuliert.

Schießtechnik

Geschossen wird auf fünf nebeneinanderstehende *Schnellfeuerscheiben*, früher als «Mannscheiben» bezeichnet. Die Scheiben sind für jeweils 8,6 und 4 Sekunden sichtbar und müssen innerhalb dieser Zeit getroffen werden. Nach dem Zeitablauf schwenken die Scheiben um 90°. Treffer, die während des Schwenkens erzielt werden, verraten sich durch ein längliches Loch und werden nicht gewertet. In welcher Reihenfolge die Scheiben beschossen werden, ist gleichgültig, die meisten Schützen schwenken aber von rechts nach links.
Vor dem Schießen muß der Schütze die Waffe in einem Winkel von 45° zum Boden halten, dann zur ersten Scheibe auffahren und nach dem Schuß auf diese Scheibe mit der Schwenkbewegung beginnen.

Diese Phase ist sicher die schwierigste des ganzen Bewerbes und sollte häufig geübt werden. Der Druck auf den Abzug beginnt schon während der Aufwärtsbewegung, so daß der Schuß bei Erreichen der richtigen Höhe bricht. Dann wird die Schwenkbewegung begonnen. Diese Drehung darf nicht aus der Schulter heraus erfolgen, sondern von der Hüfte her, weil sich sonst FHöhenschwankungen ergeben. Falsch wäre es, bei jeder Scheibe neu zu visieren. Dazu ist keine Zeit – während des ganzen Schwenkbereiches muß das Visier unter Kontrolle bleiben. Der Abzugsvorgang ist im Schwenken vorzunehmen und kulminiert jeweils dann, wenn die Scheibe erreicht ist. Je weniger die fließende Bewegung unterbrochen werden muß, desto besser für den Schützen. Um bei der letzten Scheibe nicht abzufallen, muß der Schütze die Bewegung zu einer gedachten sechsten Scheibe weiterführen. Tut er dies nicht, läßt die Konzentration bei der letzten Scheibe schon nach – auch ein Hundertmeterläufer darf sich nicht auf das Zerreißen des Zielbandes konzentrieren, sondern muß darüber hinaus laufen.
Der Schnellfeuerschütze muß sehr viel Zeit auf Training, vor allem auf Trockentraining verwenden, weil ja zu den üblichen Voraussetzungen guten Schießens noch die Beherrschung eines komplizierten Bewegungsablaufes kommt.

Regeln
Die Distanz zu den Scheiben beträgt 25 m. Geschossen wird in zwei Durchgängen zu je 30 Schuß. Jeder Durchgang besteht aus 6 Serien zu 5 Schuß, je zwei Serien in 8 Sekunden, dann in 6 und schließlich in 4 Sekunden.

Sportpistole (Zentralfeuer)

In diesem Wettbewerb müssen Waffen verwendet werden, die Zentralfeuermunition vom Kaliber 7,6 mm bis höchstens 9,65 mm verschießen, darin sind auch die amerikanischen Kaliber .30, .32, .38, .357, .380 inbegriffen. Revolver und Pistolen sind gleichermaßen zugelassen.
Hinsichtlich der Waffen gibt es folgende Beschränkungen: Gewicht höchstens 1400 g, Abzugsgewicht mindestens 1360 g, Lauflänge höchstens 6 Zoll (ca. 153 mm), Visierlinie höchstens 220 mm. Im übrigen gelten auch die Vorschriften, die für die Schnellfeuerpistolen verbindlich sind.

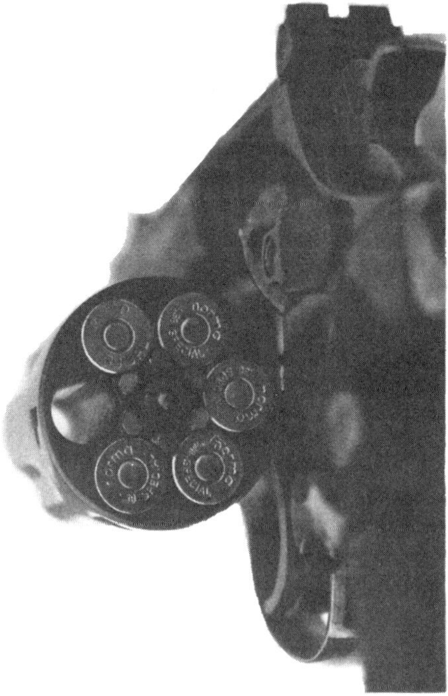

Ausgeklappte Revolvertrommel. Eine Kammer ist leer. Damit der Schütze weiß, welche Patrone abgefeuert wird oder wann die leere Kammer kommt, muß er die Drehrichtung der Trommel kennen, die je nach Fabrikat verschieden ist.

Ob sich der Schütze für eine Pistole oder für einen Revolver entscheidet, ist letztlich Geschmackssache – in der Präzision bestehen bei qualitativ vergleichbaren Waffen keine Unterschiede. Die Vorteile des Revolvers liegen in der besseren Gewichtsverteilung, der größeren Funktionssicherheit, auch die Griffe sind meist besser gestaltet. Der Revolverschütze kann die Patronen ohne Rücksicht auf ausreichendes Rückstoßverhalten für den Selbstladevorgang auswählen. Ein gewisser Nachteil des Revolvers besteht darin, daß der Hahn vor jedem Schuß gespannt werden muß; wenn dies mit der Schießhand geschieht, verändert sich die Griffstellung der Hand an der Waffe. Revolver sind meist teurer, weil sie in der Regel mit größerem handwerklichen Aufwand als Pistolen gefertigt werden. *Wechselsysteme* für andere Kaliber sind nur für Pistolen möglich.

Das Angebot an guten Zentralfeuerpistolen und Revolvern ist sehr vielfältig; fast jede namhafte Waffenfirma produziert Waffen für diese Sportart.
Bei der Auswahl sollte der Schütze darauf achten, daß es Pistolen mit Wechselsystemen gibt, mit denen auch der Bewerb Standardpistole geschossen werden kann.

Schießtechnik
Der Zentralfeuerpistolenbewerb zerfällt in zwei Abschnitte:

1. In den Präzisionsabschnitt, bei dem auf die *Zehnkreisscheibe* geschossen wird und

2. in den *Schnellfeuerabschnitt.* Hier wird auf die *Figurenscheibe* geschossen, der Schütze hat für jeden Schuß 3 Sekunden Zeit.

Der Präzisionsabschnitt hat schießtechnisch keine Besonderheiten aufzuweisen, beim Schnellfeuerbewerb kommt es darauf an, mit der Visier- und Zielerfassung möglichst wenig Zeit zu verlieren. Wenn der Schütze die Waffe an den unteren Rand der Scheibe gebracht hat, muß er das Visier schon richtig erfaßt haben und Vordruck auf den Abzug ausüben. Die Aufwärtsbewegung soll langsam gebremst werden, damit die Waffe am Haltepunkt zum Stillstand kommt und gleichzeitig der Schuß bricht. Fehler in der Höhe wirken sich nicht so stark aus wie seitliche Abweichungen, weil die Ringe oval sind. Die Scheibe schwenkt in üblicher Weise nach Ablauf der Zeit um 90°. Wertung verspäteter Schüsse wie im Schnellfeuerbewerb.

Regeln
Schießdistanz 25 Meter, *Präzisionsabschnitt* 30 Schuß in 6 Serien zu je 5 Schuß. Jede Serie muß in 6 Minuten beendet sein. *Schnellfeuerabschnitt* 30 Schuß zu 6 Serien von je 5 Schuß, pro Schuß stehen 3 Sekunden zur Verfügung.
Damen und Junioren schießen diese Disziplin mit der im nächsten Abschnitt beschriebenen *Kleinkaliber-Sportpistole* (Standardpistole). In nationalen Wettbewerben vieler Länder (darunter auch Deutschland und Österreich) wird aus Kostengründen die Kleinkaliber-Sportpistole verwendet.

Standardpistole

Für die Standardpistole gelten dieselben Einschränkungen wie für die Zentralfeuerpistole, nur daß das Kaliber .22 (5,6 mm) betragen muß. Das Abzugsgewicht ist mindestens 1 000 g.
Die Waffen in den Bewerben Standard- und Zentralfeuerpistole sind einander bis auf das Kaliber sehr ähnlich und äußerlich fast nicht zu unterscheiden.
Das Angebot an Waffen dieses Kalibers ist noch viel größer als im Zentralfeuerpistolen-Wettbewerb. Auch hier gibt es Waffen mit Wechselsystemen.
Mit der Standardpistole wird nur auf die *Präzisionsscheibe* geschossen, Entfernung 25 m.
Insgesamt 60 Schuß in drei Durchgängen zu je 20 Schuß, zerlegt in 5er Serien. Der erste Durchgang gibt dem Schützen pro Serie 150 Sekunden, der zweite 20 und der letzte 10 Sekunden.

Luftpistole

Die Zeiten, in denen ernste Schützen über Luftdruckwaffen gelächelt haben, sind längst vorbei. Dies gilt nicht nur für das Luftgewehr, sondern auch für die Luftpistole.
Der prellfreie Schuß wird mit genau denselben konstruktiven Maßnahmen erreicht, die schon beim Luftgewehr beschrieben worden sind.
Auf dem Gebiet der Luftpistole hat die deutsche Waffenindustrie eine ebenso führende Stellung wie beim Luftgewehr.
Nach den Regeln dürfen die Waffen nur das Kaliber 4,5 mm (.177) haben und Bleigeschosse verschießen. Das Abzugsgewicht ist auf mindestens 500 g beschränkt.
Geschossen wird auf eine *Zehnkreisringscheibe* in 10 m Entfernung. Das Schießprogramm umfaßt 40 Schuß in 1 1/2 Stunden.

Combat-Schießen

Noch vor etwa zehn Jahren wußten nur die wenigsten Schützen mit dem Ausdruck Combat-Schießen etwas anzufangen. Heute sprießen die Combat-Klubs und Schießschulen wie die Pilze nach einem warmen Regen aus dem Boden.

Die Attraktivität dieser schießsportlichen Disziplin liegt vor allem im Dynamischen und darin, daß Notwehr- und Kampfsituationen simuliert werden und mit Gebrauchswaffen geschossen wird. Das Combat-Schießen stammt aus Amerika, wo die einzelnen Polizeidienststellen und das FBI bestrebt sind, ihren Beamten eine realistische und gute Schießausbildung zu geben. Das Geld für eine solche Ausbildung ist sicher besser angelegt, als wenn es den Witwen und Waisen der Polizisten gezahlt werden müßte, die – schlecht geschult – einem schießwütigen Verbrecher zum Opfer gefallen sind.

Bei uns steht man seitens der Sportschützen dem Combat-Schießen skeptisch gegenüber. Zu sehr wird hier der eigentliche Zweck des Schießens offenbar, einen Angreifer so schnell und wirksam wie möglich außer Gefecht zu setzen.

Man sollte aber dem Combat-Schießen genauso wertfrei gegenüberstehen wie jeder anderen Schießsportart.

Im wesentlichen kommt es beim Combat-Schießen darauf an, mit einer großkalibrigen Faustfeuerwaffe schnell und sicher aus verschiedenen Positionen heraus ein Ziel, das etwa der Brustfläche eines Menschen entspricht, zu treffen. Noch ist die Sportart in der Entwicklung, neue Combat-Parcours werden vorgestellt, die möglichst allen Anforderungen des kampfmäßigen Schießens ideal gerecht werden sollen. Deswegen ist es im Rahmen dieses Buches sehr schwer, allgemein gültige Regeln für das Combat-Schießen anzugeben.

Normalerweise wird zuerst auf kurze Entfernung (ca. 6 m) ein *Schnellziehprogramm* durchgeführt, bei dem innerhalb einer kurzen Zeitspanne eine gewisse Anzahl Schüsse ins Ziel gebracht werden müssen; daran schließt sich ein Schießen aus wechselnden Entfernungen mit gleichzeitigem Nachladen der Waffe, ebenfalls unter Zeitbegrenzung; dazwischen wird gelaufen, aus Deckungen hervorgeschossen und aus liegender, sitzender und kniender Position gefeuert. Vernünftigerweise ist beim Combat-Schießen der beidhändige Anschlag erlaubt, bei dem die zweite Hand die Waffe und die rechte Hand unterstützt *(Weaver-Anschlag)*. Manche Serien müssen einhändig oder mit der linken Hand (bzw. mit der Hand, die nicht Schießhand ist) geschossen werden.

Ein gut zusammengestellter Kurs schult sowohl schnelles Schießen als auch Kondition, Entschlußkraft und sichere Handhabung der Waffe unter schwierigen Bedingungen.

Während die meisten Polizeiübungsprogramme in den USA mit den Dienstrevolvern geschossen werden, hat sich bei den Combat-Wettbewerben die Pistole durchgesetzt.

Die Ursache für die Vorherrschaft der Pistole in diesem Wettbewerb, der eigentlich Domäne des Revolvers sein sollte, liegt darin, daß der Revolver beim schnellen Nachladen der Pistole unterlegen ist. Ob dieses Nachladenmüssen für Selbstverteidigungssituationen sehr typisch ist, bleibe dahingestellt. Hat der Schütze mit sechs Schüssen den Kampf noch nicht für sich entscheiden können, wird er wahrscheinlich keine Gelegenheit mehr haben, nachzuladen. Doch wird sich der Schütze die Waffe anschaffen müssen, mit der er die meisten Erfolgsaussichten hat.
Bei der Wahl der Pistole soll beachtet werden, daß der Magazinwechsel leicht und unproblematisch vor sich geht und die Waffe instinktives Schießen erlaubt. Der Vorteil eines Spannabzuges wirkt sich im Combat-Wettbewerb wenig aus, weil auch die Waffen, die diesen Abzug nicht haben, gespannt und gesichert getragen werden. Wer einen Revolver schießen will, wählt eine Waffe in der günstigen Lauflänge von 4 Zoll, bei Pistolen sind 5 Zoll empfehlenswert.
Nur ganz wenige Schützen sind in der Lage, die stärkeren Magnumkaliber 41 und 44 im Combat-Wettbewerb zu meistern, denn der stärkere Rückstoß beeinträchtigt auf längere Sicht die Leistungsfähigkeit des Schützen.

Schießtechnik

Bevor auf die Schießtechnik im einzelnen eingegangen wird, möchte ich betonen, daß das Combat-Schießen nur für Schützen geeignet ist, die im Präzisionsschuß mit der Pistole schon eine gewisse Fertigkeit erreicht haben. Der Anfänger, der sich mit dieser Art des Schießens beschäftigt, ohne seine Waffe gut zu beherrschen, verdirbt sich seinen künftigen Stil.
Dem instinktiven Schießen, also dem Schießen ohne bewußtes Zielen über Kimme und Korn, kommt in dieser Disziplin große Bedeutung zu. Zum Erlernen des instinktiven Schießens eignet sich sehr gut der bekannte Sandhaufen aus dem Kapitel «Schießen und Treffen», weil er dem Schützen die Einschläge der Geschoße gut zeigt, so daß er ohne nachzudenken und das Visier zu benutzen korrigieren kann. Bei ausreichender Übung zeigt die Hand – und damit auch die Waffe – immer dorthin, wohin der Schütze blickt. Dazu kommt, daß das Ziel beim Combat-Schießen weit größer ist als bei anderen Schießsportarten.
Es ist einzusehen, daß bei diesem Vorgang die Lage der Waffe in der Hand eine bedeutende Rolle spielt. Die Anschaffung spezifischer Combat-Griffe wird hier meist unumgänglich sein. In dieser

Beziehung sind Revolver besser geeignet als Pistolen, deren Griffwinkel sich praktisch nicht verändern läßt.
Eine weitere Schwierigkeit beim Combat-Schießen bilden die großkalibrigen und rückstoßstarken Patronen, denn besonders bei schneller Schußfolge wird die Kontrolle der Waffe problematisch. Der beidhändige Anschlag nach *Weaver*, bei dem die rechte Hand die Waffe etwas nach vorne stößt und die Linke in die entgegengesetzte Richtung wirkt, hilft, den Rückstoß besser zu verdauen. Gut konstruierte Griffe, vor allem solche, die die Hand richtig füllen, machen den Rückstoß weniger spürbar, so daß der Schütze nicht schon nach zehn Schüssen wegen seiner schmerzenden Hand aufgeben muß.
Bei dieser Gelegenheit einige Bemerkungen zum *Schnellziehen:*

Luftpistolen

1 Walther LP 3. Das Metallstück – vom Griffunterteil bis zum Abzugsbügel – ist der Spannhebel.

2 Hämmerli-Luftpistole nach dem CO÷ -Prinzip

3 Feinwerkbau-Luftpistole. Die wohl bekannteste und erfolgreichste Luftpistole. Durch die Möglichkeit, den Rückstoß einer KK-Pistole zu simulieren, indem man den Prellschlagausgleich blockiert, auch interessante Trainingswaffe für den Sportpistolenschützen.

KK-Pistolen

4 Hämmerli 208 Standard-Pistole

5 Walther OSP, Waffe für das olympische Schnellfeuerschießen im Kaliber .22 short, fünfschüssig.

Freie Pistole

6 Bei dieser Freien Pistole (Hämmerli Mod. 150) sieht man deutlich, wie sich die sportliche Zweckform von der ursprünglichen Form einer Pistole entfernt hat. Der Lauf liegt genau in der Fortsetzung des Unterarmes, die Visiereinrichtung daher ziemlich hoch. Der orthopädische Griff umschließt die Hand so weit wie möglich, der Vorderschaft läßt den Lauf freischwingen und kann ein Zusatzgewicht aufnehmen. Die Waffe hat einen Stecherabzug, der von 5 bis 100 g regulierbar ist.

7 Anschlag mit der Schnellfeuerpistole

1

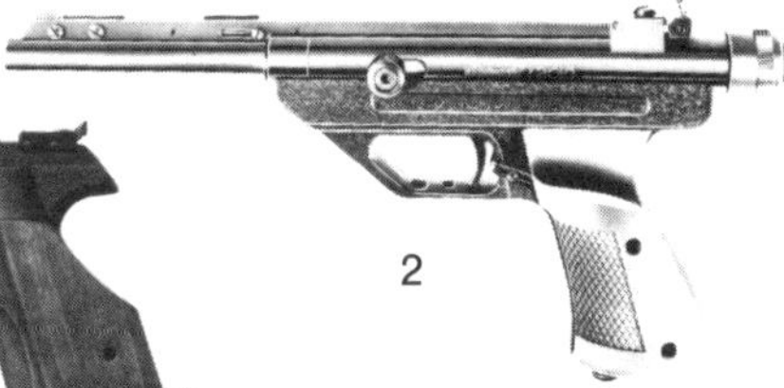
2

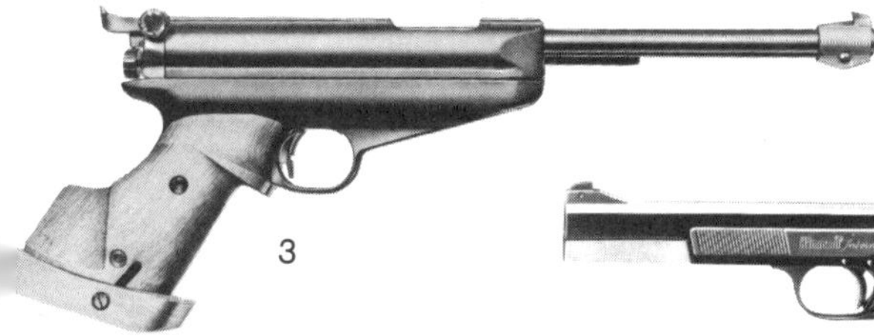
3

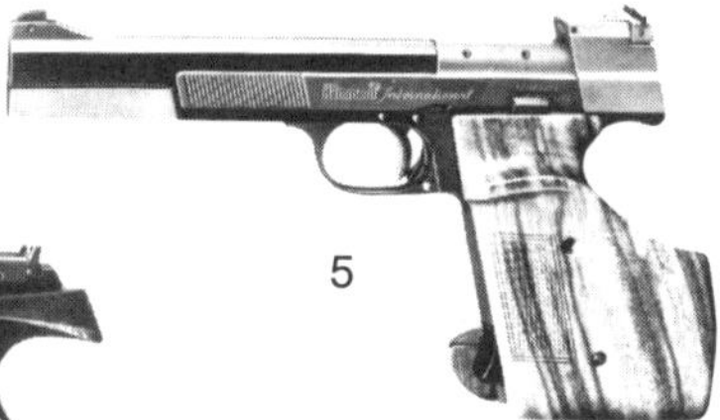
5

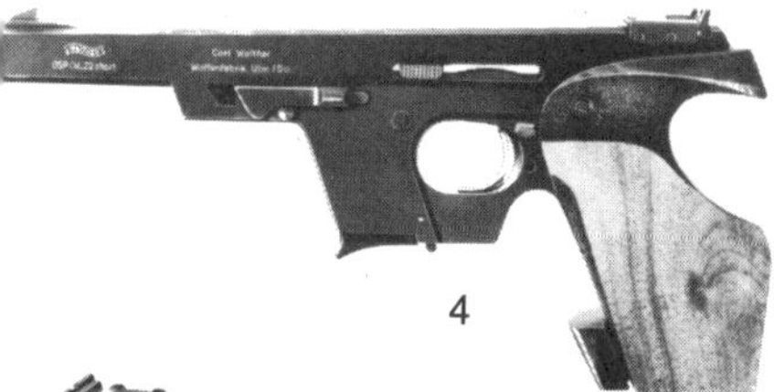
4

6

7

Sehr viele Schützen machen dabei den Fehler, alle Bewegungen so schnell wie möglich ausführen zu wollen, in der Meinung, je schneller die einzelne Bewegung, desto kürzer auch die Zeit, die man für diesen Vorgang benötigt. In Wahrheit ist aber nicht alles schnell, was so aussieht. Das Ziehen soll eine harmonische, fließende Bewegung sein. Also nicht ruckartig die Waffe aus dem Holster reißen – die Hand muß die Waffe, von unten kommend, gleichsam im Vorbeigehen mitnehmen, ohne daß die Bewegung als Ganzes unterbrochen wird. Aus diesem Grund ist auch ein tiefliegendes Holster, Marke Hollywood, nicht unbedingt überlegen.
Wer beim Ziehen der Waffe Kniebeugen machen will (gunmen's crunch), soll es ruhig tun – es bringt nichts, beeindruckt aber alle Zuschauer, die nichts von der Sache verstehen.
Zur Ausrüstung des Combat-Schützen gehört unbedingt ein gutes und vor allem festsitzendes *Holster*, das die Waffe beim Ziehen ohne zusätzliche Manipulationen freigibt. Die einzig brauchbare Lage des Holsters ist an der rechten Hüfte. Schulterhalfter oder links getragene Cross-Draw-Holster erschweren nur unnötigerweise schnelles Ziehen.

Ein Schütze, der einen *Combat-Parcours* mit dem Revolver schießen will (es werden immer weniger), müßte sich unbedingt die *Double-Action*-Technik aneignen, also den Revolver mit Abzugsspannung schießen. Natürlich ist dabei das Abzugsgewicht wesentlich höher, weil ja der Abzug nicht nur den Hahn auslösen muß, sondern vorher den Hahn spannt und die Trommel dreht. Je nach Konstruktion und Qualität des Revolvers liegt das Abzugsgewicht beim Double-Action zwischen 4 bis 10 kg, was begreiflicherweise die Schußleistung verschlechtert.
Abgesehen vom höheren Abzugsgewicht besteht die Schwierigkeit des DA-Schießens noch darin, daß der Abzug einen ziemlich langen Weg zurücklegen muß, während der Schütze die Waffe unter Kontrolle zu halten hat.
Nicht jeder Revolver ist für das DA-Schießen gleich gut geeignet – der handwerkliche Aufwand, den Leichtgängigkeit und ruckfreier Gang erfordern, bleibt teureren Waffen vorbehalten.
Betätigt man den DA-Abzug langsam und bremst in der letzten Phase der Bewegung die Zeigefingerspitze mit der Daumenspitze ab *(Zweiphasentechnik)*, kann man ähnliche Schußgenauigkeit wie beim Schießen mit gespanntem Hahn erreichen. Diese Zweiphasentechnik bringt jedoch kaum Geschwindigkeitsvorteile.
Beim Combat-Schießen wird daher hauptsächlich die *Einphasentechnik* angewendet, bei der der Schütze den Abzug, ohne abzu-

bremsen, in einem stetigen Zug betätigt, was natürlich vollendete Beherrschung der unabhängigen Zeigefingerbewegung erfordert. Der Trainingsaufwand für das DA-Schießen ist allerdings sehr hoch. Vor allem häufiges Trockentraining wird unerläßlich sein. Der Effekt dieses Trainings wird gesteigert, wenn der Schütze vor einem Spiegel übt und darin beobachtet, ob die Waffe während des Abzugsvorganges irgendwelche Bewegungen macht.
Für den Pistolenschützen, auch wenn die Pistole mit einem Spann-(Revolver-)abzug ausgerüstet ist, hat die DA-Technik nur geringe Bedeutung, da jeweils nur immer der erste Schuß mit dem Spannabzug abgefeuert wird – bei den nachfolgenden Schüssen wird ja der Hahn durch den Selbstladevorgang gespannt. Außerdem nützen nur die wenigsten Schützen den Vorteil des Spannabzuges aus. Auch sie tragen im Wettbewerb die Pistole gespannt und gesichert.
Für einen Schützen, der die Grenzen seiner Leistungsfähigkeit erfahren möchte, bietet sich das DA-Schießen geradezu an. Die Befriedigung, die man daraus gewinnt, einmal den Wettbewerb «Sportpistole» in DA-Technik zu schießen und dabei nicht einmal schlecht abzuschneiden, gehört zu jenen Erlebnissen, die ein begeisterter Schütze nicht so leicht vergißt.

Das Schießen mit der Flinte: Wurftaubenschießen

Warum ist die Taube aus Ton?

Um die Mitte des vorigen Jahrhunderts war das Schießen auf eingefangene Tauben ein weitverbreiteter «Sport», der vor allem in England, aber auch auf dem Kontinent sehr eifrig betrieben wurde. In einem Halbkreis um den Schützen stellte man Kastenfallen – «traps» – auf, aus denen die Tauben hochflatterten, sobald die Kasten durch Schnurzug in Einzelteile zerfielen. Nun mußte der Schütze blitzschnell reagieren, da er ja vorher nicht wußte, in welche Richtung die Taube davonfliegen würde. Als Treffer wurden nur Tauben gewertet, die innerhalb der Markierung herunterfielen. Bald fanden auch internationale Wettbewerbe nach festen Regeln statt. Da das sportliche Schießen auf lebende Tauben aber zunehmend mit allerlei Auswüchsen verbunden war, wurde es mehr und mehr verboten. Das schon seit dem 19. Jahrhundert vor allem in den USA betriebene jagdliche Übungsschießen auf künstliche Flugziele konnte sich deshalb auch in Europa ziemlich schnell durchsetzen. Die früher gern verwendeten Glaskugeln sind heute durch diskusförmige *Wurftauben* abgelöst, statt Ton bestehen sie jetzt meist aus Asphalterde. Die *Tontaube* ist also heute weder aus Ton noch eine Taube – in der Bezeichnung zeigt sich nur noch etwas Geschichte des Schießsports.

Das Wurftaubenschießen ist von allen in diesem Buch beschriebenen Schießsportarten die kostspieligste. Zu den nicht geringen Waffen- und Patronenkosten kommen noch die Kosten für die Tauben. Auch der Trainingsaufwand ist sehr hoch und kostspielig, weil es kaum billige Trainingsmöglichkeiten gibt. All dies hat dazu beigetragen, daß der Wurftaubensport seine Exklusivität, die seiner aristokratischen Tradition entspricht, bewahrt hat.

Für den Schützen selbst wie für den Zuschauer ist das Wurftaubenschießen deshalb attraktiv, weil jeder Treffer sofort zu erkennen ist. Das Erfolgserlebnis ist also unmittelbar und augenfällig.

Waffen

Auf den Schießplätzen sieht man nur mehr *Bockdoppelflinten*, also Flinten, die beide Läufe übereinander haben. Obwohl die Regeln auch Flinten, deren Läufe nebeneinander liegen (Doppel- oder Querflinten), sowie *Selbstladeflinten* zulassen, und viele Jäger die Doppelflinte der Bockdoppelflinte vorziehen, hat letztere beim Schießen auf kleine Ziele entschieden Vorteile.
Der Schütze kann jedes Schrotkaliber, doch höchstens Kaliber 12 verwenden. Je größer aber das Kaliber, desto mehr Schrote sind in der Patrone, um so größer wird auch die Aussicht auf einen Treffer. Ein kleineres Kaliber bringt keinerlei Vorteile, daher kommt bei der Wahl der Flinte nur Kaliber 12 in Frage. Beim Wurftaubenschießen hat es wenig Sinn, mit einer fremden Waffe zu schießen, denn der Schaft der Waffe muß unbedingt den anatomischen Gegebenheiten des Schützen angepaßt sein. Aus diesem Grund ist es auch problematisch, eine gebrauchte Waffe zu kaufen, wenn man nicht gleichzeitig bereit ist, einen neuen Schaft anfertigen zu lassen.
Für welche Waffe sich der Schütze entscheidet, ist mehr als bei allen anderen Schießsportarten eine Frage der finanziellen Leistungsfähigkeit.
Für den Anfänger in dieser Sportart liegt es daher nahe, zunächst mit einer geliehenen Flinte zu schießen, bis er weiß, ob er genügend Begabung und Interesse für diesen Sport mitbringt, die hohe finanzielle Investitionen rechtfertigen.
Ganz allgemein können einige Richtlinien für die Auswahl der Waffe gegeben werden:

Anschlag
Sofern nicht überhaupt ein Maßschaft angefertigt wird, sollte die Flinte wie von selbst ins Ziel gehen. Der Schütze muß sich davon überzeugen, daß die Waffe, wenn er sie richtig anschlägt, genau dorthin gerichtet ist, wohin er schaut. Jede Korrektur mit Hilfe des Visiers würde den Bewegungsablauf beim Schießen stören. Am leichtesten kann die Länge des Schaftes geändert werden: entweder Kürzen durch Abschneiden oder Verlängern durch Anbringen einer Schaftkappe. Vor allem Schützen mit breiten Schultern brauchen einen *geschränkten*, also nach außen gebogenen Schaft, weil sonst die Waffe im Anschlag nach links zeigt. Hier wird die Änderung schon kostspieliger. Nur die wenigsten billigen Flinten haben eine solche Schränkung.
Der Vorderschaft soll breit sein *(Biberschwanz)* und die Hand des

Schützen außerdem vor dem Kontakt mit den heißgeschossenen Läufen bewahren.

Abzüge

Wenigen Schützen ist bewußt, daß zu hart stehende Abzüge auch bei der Flinte die Schußleistung erheblich verschlechtern. Das *Abzugsgewicht* sollte ca. 1,5 kg betragen, für den hinteren Abzug vielleicht etwas mehr. Für sportliche Zwecke sehr zu empfehlen sind *Einabzüge*, bei denen mit einem Abzug beide Schüsse nacheinander abgegeben werden können, weil dabei die Lage der rechten Hand an der Waffe nicht verändert werden muß.

Schußleistung

Bei Flinten ist die Bestimmung etwas schwieriger als bei Büchsen. Die Kunst, gute Flintenläufe herzustellen, erschöpft sich nicht in der Produktion eines einfachen glatten Rohres. Wenn man durch einen Flintenlauf schaut, sieht man an der Mündung eine Verengung des Rohres, die sogenannte *Choke- oder Würgebohrung*, die die Schrotgarbe verdichtet. Je enger (stärker) der Choke, desto mehr wird die Garbe zusammengehalten, desto geringer ist die *Streuung*, desto weiter kann man schießen. Dies ist die eine Komponente der Schußleistung – wie groß also die Streuung in einer bestimmten Entfernung ist. Innerhalb der Schrotgarbe kommt es aber noch auf möglichst gleichmäßige *Deckung* an, das heißt, daß die Schrote gleichmäßig verteilt sind. Weist die Schrotgarbe Löcher auf, kann die Taube zwischen den einzelnen Schroten «durchschlüpfen», obwohl sie innerhalb der Garbe liegt.
An dem Schußbild der Flinte ist aber die Patrone ganz wesentlich mitbeteiligt, und für den Schützen ist es nicht leicht, auseinanderzuhalten, woran die Patrone und woran der Lauf schuld ist. Zum Erproben einer Waffe sollten daher verschiedene Patronensorten genommen werden.

Sonstiges

Die Ausstattung der Waffe mit *Ejektoren* ist für den Wettkampf sehr wichtig. Die Ejektoren werfen die jeweils abgeschossene Patrone aus und ersparen dem Schützen Zeit und Arbeit. Manche Flinten haben *automatische* Sicherungen, die sich bei jedem Auf- und Zuklappen der Waffe auf «sicher» stellen. Für sportliche Zwecke ist diese Art der Sicherung nicht sehr geeignet, weil es dann vorkommt, daß der Schütze mit gesicherter Waffe eine Taube beschießen will und dadurch vielleicht einen wertvollen Treffer vergibt.

Aufgeklappte Wurftaubenflinte mit zwei Patronen, die halb in die Patronenlager eingeschoben sind.

Schrotpatronen vom Kaliber 12. Links die geladene, rechts die abgefeuerte Patrone. Man sieht deutlich, wie sich der Sternverschluß geöffnet hat und um wieviel länger die Hülse im geöffneten Zustand ist.

Ventilierte Laufschienen werden in zunehmendem Maße von Wurftaubenschützen bevorzugt, weil sie das Flimmern des Zielbildes – durch die von den Läufen ausgestrahlte Hitze – ausschalten. Ebenso geht man neuerdings dazu über, die Läufe nicht mehr zusammenzulöten, sondern getrennt und freischwingend zu lassen. Ein Lauf kann dann den anderen in seiner Schußleistung nicht beeinflussen, auch das Schwingen der Waffe wird erleichtert.

Patronen

Die Schrotpatrone enthält bekanntlich kein einzelnes Geschoß, sondern viele Schrotkörner, deren Anzahl je nach Größe der Schrote verschieden ist. Denn je kleiner die Schrote, desto mehr kann die Patrone davon aufnehmen. Sind die Schrote groß, haben sie größere Durchschlagskraft und mehr Reichweite, sind sie klein, erhöht sich die Trefferwahrscheinlichkeit. In sportlichen Wettbewerben werden Schrote von 2-2 1/2 mm Durchmesser verwendet.

Schießtechnik

Die Taube muß im Flug so getroffen werden, daß zumindest erkennbare Teile davon absplittern, sonst gilt sie als gefehlt. Normalerweise reicht schon ein Schrotkorn dazu aus. In einer Patrone sind aber 200-300 Schrote.
Die Schwierigkeit beim Wurftaubenschießen liegt darin, daß sich das Ziel ziemlich schnell bewegt und außerdem die Geschoßgarbe einige Zeit braucht, um das Ziel zu erreichen. Die schönsten Theorien über das *Vorhalten* sind aber für den Schützen unbrauchbar, weil ganz einfach beim Schießen die Zeit dazu fehlt, die erforderlichen Berechnungen anzustellen. Überdies führt bewußtes Vorhalten leicht dazu, daß der Schütze auf einen imaginären Punkt vor der Taube zielt und darüber das Mitschwingen der Waffe vergißt. Natürlich muß im Moment der Schußabgabe der Lauf vor die Taube zeigen, weil ja in der Zeit, die die Schrote brauchen, um das Ziel zu erreichen, die Taube schon wieder eine gewisse Strecke zurückgelegt hat. Wo dieser Punkt aber liegt, muß der Schütze instinktiv erfassen. So kompliziert und aussichtslos dies klingt, so kann man dies dann bald erlernen, wenn man die nachfolgenden Grundsätze beachtet:

Das Um und Auf des Treffens beim Wurftaubenschießen ist das *Mitschwingen* der Waffe mit der Taube. Nur dann liegt die Garbe in der Flugbahn der Taube, wenn die Waffe mit dem Flug der Taube bewegt wird.
Der Bewegungsablauf ist folgender: Der Schütze erwartet die Taube und führt dann die Flinte der Flugbahn entlang, bis er die Taube erreicht hat. Er zieht in dem Moment ab, wenn er an der Taube vorbeischwingt. Dadurch, daß die Schwingbewegung der Waffe schneller sein muß, als die Taube fliegt, ergibt sich ein automatisches und stets richtiges Vorhalten. Das Kommando an den Abzugsfinger wird zwar beim Erreichen der Taube gegeben, wegen der Reaktionszeit des Schützen wird es aber erst ausgeführt, wenn die Taube überholt ist.
Diese Technik ergibt in allen Situationen das richtige Vorhaltemaß; denn fliegt die Taube weg vom Schützen, ist sie relativ langsam – die Schwingbewegung ist langsamer, der Vorhaltewinkel ist kleiner; fliegt sie quer zum Schützen, wirkt sie schneller – die Schwingbewegung wird auch schneller und der Vorhaltewinkel größer.

Der große Churchill (nicht der Premierminister, sondern der Büchsenmacher und Schießlehrer) hat empfohlen, das Ziel mit der Flinte vom Himmel zu wischen – eine sehr bildhafte und treffende Beschreibung des ganzen Vorganges.
Für den Anfänger ist es besonders wichtig, beim Wurftaubenschießen einen aufmerksamen und einfühlenden Lehrer zu haben, der darauf achtet, daß zunächst nur ganz leichte und langsame Tauben geworfen werden, die der Schüler fast von selbst trifft. Hier ist nichts so wichtig wie großes Selbstvertrauen und das Erfolgserlebnis, eine Taube zersplittern zu sehen. Gerade der Wurftaubenschütze soll bestrebt sein, mit beiden offenen Augen zu visieren – die Übersicht und das Erfassen der Taube im Raum wird dadurch entschieden besser als beim «einäugigen» Schießen.
Das Korn an der Waffe ist ohnedies nur Hilfsmittel – visiert wird hauptsächlich mit der Laufschiene.

Haltung

Soviel auch von einer gut angepaßten Waffe abhangt, ebenso wichtig ist, daß sie der Schütze auch richtig hält. Im Vergleich zu anderen Schießsportarten kommt der linken Hand, die den Vorderschaft unfaßt, nicht nur stützende Funktion zu: Diese Hand führt ja die Waffe während der Schwenkbewegung. Zeigt sie aufs Ziel, tut dies auch der Lauf. Für die Lage der Hand am Vorderschaft gibt

es verschiedene individuelle Variationen: Faßt sie den Schaft weiter vorne, ist der linke Arm (beim Rechtshänder) natürlich mehr gestreckt – eine Haltung, die von den meisten Schützen bevorzugt wird, weil damit die Führungsrolle der linken Hand unterstrichen wird. Je weiter jedoch die Hand zurückgenommen wird, desto gebeugter ist das Ellbogengelenk, das Ziel wird unterschossen.
Das zweite Problem beim Halten der Flinte ist das Einsetzen in die Schulter. Vor allem dann, wenn nicht aus dem Anschlag geschossen wird, bringen viele Schützen den Schaft überhastet hoch und setzen ihn auf den Oberarm. Abgesehen davon, daß der Schuß vorbeigeht, sind blaue Flecken am Bizeps die Folge. Die Schaftkappe soll zwischen Schultergelenk und Schlüsselbein eingesetzt werden.

Der Kopf soll zwar etwas nach vorne geneigt werden, sonst aber gerade sein. Während der Schwenkbewegung bewegt sich der Kopf nicht seitlich. Die Fußstellung verändert sich, je nachdem ob die Waffe über einen größeren oder kleineren Bereich geschwenkt werden muß – je größer der Schwenkbereich, desto enger die Fußstellung. Der Schultergürtel verändert sich während der Drehung so wenig wie möglich – die Drehung muß aus der Hüfte erfolgen. Wenn der Schütze nicht aus dem Voranschlag schießt, beginnt die Drehbewegung bereits in dem Moment, in dem die Flugbahn der Taube erkannt ist und während der Schütze in Anschlag geht; dieser Bewegungsablauf darf nie unterbrochen werden.

Rückstoß

Wenn versierte Jäger und Wurftaubenschützen den Rückstoß kaum wahrnehmen, so ist dies durch die absolute Konzentration auf den Schuß und die meist gute Haltung zu erklären. Jeder aber, der eine Flinte mit Überlegung – etwa zur Ermittlung des Schußbildes – abfeuert, weiß, wie stark der Rückstoß einer solchen Waffe ist.
Der Flintenschütze muß deshalb vor allem darauf achten, den Schaft fest in die Schulter einzuziehen. Hat er sich eine schlechte Haltung angewöhnt und fürchtet er den Rückstoß, wird er zweifellos Zielfehler machen. Man spricht hier von »Mucken«.Der Schütze sollte sich antrainieren, die Augen auch im Moment der Schußabgabe offen zu halten und somit «durch das Feuer» zu sehen. Nur so wird er unmittelbar die Wirkung seines Schußes kontrollieren können. Geübte Schützen bringen es fertig, den Flug der Schrotgarbe mit bloßem Auge zu verfolgen, und wissen, ob die Garbe voll getroffen hat oder die Taube nur von Randschroten erreicht wurde. – Zur Milderung des Rückstoßes kann psycholo-

gisch auch wesentlich dazu beitragen, daß der Schütze einen Gehörschutz trägt.
Durch gute Haltung wird der Rückstoß durch den Körper selbst bis in die Fußsohlen abgeleitet. Wesentlich dabei ist, daß sich alle beteiligten Muskeln in einem Spannungszustand befinden, so daß der Körper auf den Rückstoß wie ein gut abgestimmtes Federungssystem reagiert. Der gute Kontakt Schulter-Schaftkappe sorgt dafür, daß der Stoß richtig übertragen werden kann. Die linke Hand (beim Rechtshänder) unterstützt das ganze System, wenn sie etwas nach vorne zieht.
Man kann auch durch konstruktive Maßnahmen an der Waffe den Rückstoß mildern. Dazu gehören in erster Linie Gummischaftkappen oder in den Schaft eingebaute teleskopartige Rückstoßabsorber. Auch das Gewicht der Waffe entscheidet über die Stärke des Rückstoßes. Je leichter die Waffe im Verhältnis zur Größe des Kalibers, desto stärker der Rückstoß.

Trap

Dabei werden die Wurftauben aus *Wurfmaschinen* geschleudert, die sich ca. 15 m vor dem Schützen in einer Deckung befinden. Die Wurfweite beträgt bis zu 75 m. Der Schütze ruft die Taube mit der Waffe im Anschlag ab, weiß aber nicht, wohin die Taube fliegen wird. Auf jede geworfene Taube dürfen zwei Schüsse abgegeben werden.
Zugelassen sind Schrotgewehre mit Maximalkaliber 12, Patronenlänge höchstens 70 mm, Schrotgewicht 32 g, Schrotdurchmesser höchstens 2,5 mm.
Die *Trapflinten* sind länger als die üblichen Jagdflinten, haben eine sehr starke *Chokebohrung* und verfügen meist über einen sogenannten *Monte-Carlo-Schaft,* der sich durch einen erhöhten Schaftrücken auszeichnet.

Skeet

Hier werden die Tauben von zwei Maschinen aus dem links vom Schützen stehenden *Hochhaus* und dem rechts von ihm stehenden *Niederhaus* geworfen, immer in derselben Richtung. Der Schütze muß aber während des Schießens seine Position von einem Stand

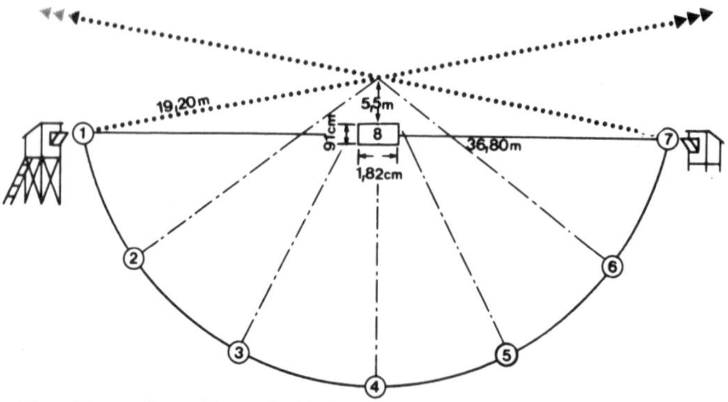

Planskizze eines Skeet-Schießstandes.
Da die Wurfrichtung der Tauben immer gleich ist, ergeben sich von den Schützenständen 1 – 8, die jeder Schütze nacheinander einzunehmen hat, unterschiedlich schwierige Beschußpositionen.

Der Skeet-Schütze nimmt Platz 7 unmittelbar neben dem Niederhaus ein.

zum anderen wechseln, so daß sich, von ihm aus gesehen, die Flugrichtung der Taube immer ändert. Das Gewehr muß bis zum Erscheinen der Taube in Hüfthöhe gehalten werden. Auf jede Taube wird nur ein Schuß abgegeben; bei *Dubletten* muß der Schütze zwei gleichzeitig geworfene Tauben mit zwei hintereinander abgegebenen Schüssen treffen.
Für die Waffen gelten dieselben Bestimmungen wie beim Trapschießen, nur ist auch die Schrotgröße nach unten begrenzt und darf nicht kleiner als 2 mm sein.
Die *Skeetflinten* ähneln sehr den normalen Jagdflinten, sie sind kürzer als die Trapflinten und haben entweder geringe oder gar keine Chokebohrung, manchmal sogar eine *Streubohrung* (spread), weil auf kürzere Distanz geschossen wird und daher die Streuung stärker sein muß.
Über die Bedeutung von langen und kurzen Läufen bei Schrotflinten gibt es einige Mißverständnisse. Viele glauben, daß die langen Läufe weiter schießen. Das stimmt nicht. Die Lauflänge hat keinen Einfluß auf die Schrotgeschwindigkeit, weil die Schrote schon vor der Mündung ihre Höchstgeschwindigkeit erreicht haben. Die *Verdichtung* und damit die Eignung einer Flinte für weite Schüsse wird allein vom *Choke* bestimmt. Der Sinn der langen Läufe liegt im wesentlichen in der längeren Visierlinie.

Das Schießen mit dem Vorderlader

Nostalgie oder Zwang?

Wer je einem Vorderladerschützen bei den komplizierten und umständlichen Hantierungen, die zum Laden einer solchen Waffe notwendig sind, zugesehen hat, wird sich darüber wundern, daß das Schießen mit Vorderladern – also Waffen, die nicht am Hinterende des Laufes mit Patronen, sondern von der Mündung her geladen werden – heute einen solchen Aufschwung erlebt.
Sicher hat an dieser Entwicklung die Nostalgiewelle einen großen Anteil. Der Schütze, der mit Pulver, Blei, Zündhütchen und Ladestock seine Ladung gewissermaßen selbst komponiert, kann sich leicht in die Zeit des Urgroßvaters zurückversetzen.
Der Reiz der Vergangenheit allein reicht jedoch nicht aus, alle die Schützen zu motivieren, die sich dem Vorderladerschießen zugewandt haben. Ein zweiter und sehr triftiger Grund, der die Schießsportinteressierten zwingt, zum Vorderlader zu greifen, ist eine restriktive Waffengesetzgebung, die nur diese Waffenkategorie unter den Feuerwaffen zum freien Erwerb zuläßt, soweit es sich um Einzellader handelt. Die Tatsache, daß diese Renaissance hauptsächlich in der Bundesrepublik stattfindet und andere Länder mit liberalerer Waffengesetzgebung weniger davon betroffen sind, ist ein deutlicher Beweis dafür.
Ein letzter Grund für die Beliebtheit des Vorderladers mag noch darin liegen, daß heute so billige Vorderladerwaffen auf dem Markt sind, daß jeder, der es einmal krachen hören möchte, zunächst den Weg des geringsten Widerstandes geht und sich so ein Ding mit der Post schicken läßt – ohne jedoch zu wissen, was ihn vielleicht erwartet.

Waffen

Jeder Sammler wird sich hüten, aus seinen Originalwaffen zu schießen oder schießen zu lassen, aus Angst, die Waffe, die oft einen hohen Wert repräsentiert, könnte einen Schuß nicht mehr überleben. Der Vorderladerschütze wird daher, auch wenn er selbst Originalwaffen zu Hause hat, in der Regel mit sogenannten *Replikas* schießen, also Waffen, die den Originalwaffen mehr oder weniger gut nachgebaut sind.

Wie schon angedeutet, hat die große Nachfrage der jüngsten Zeit manche Hersteller dazu veranlaßt, Waffen auf den Markt zu bringen, die in Ausführung, Schußleistung, Sicherheit und Dauerhaftigkeit sehr zu wünschen übrig lassen. Revolver, deren Rahmen nach einigen Schüssen nachgeben, Federn, die nach kurzer Beanspruchung brechen, ungenau gefertigte Übergänge etc. sind leider so häufig anzutreffen, daß man den Eindruck gewinnt, die Waffen seien nur zur Dekoration und nicht zum Schießen bestimmt.

Diese Schilderungen sollen niemanden kopfscheu machen, aber Aufmerksamkeit und kritische Einstellung sind besonders beim Erwerb von Vorderladerwaffen angebracht. Zu den im Kapitel «Waffenkauf» empfohlenen Prüfungen muß besonders bei Revolvern die Kontrolle des *Timing* und der *Paßarbeit* treten. Waffen mit Messingrahmen (nicht Griffstück) sind bedenklich und sollten wirklich nur an die Wand gehängt werden.

Von Phantasienamen, unter denen Waffen oft angeboten werden, darf man sich nicht täuschen lassen – in den meisten Fällen haben die Waffen kein entsprechendes historisches Vorbild.

Die meisten Vorderladerwaffen, die heutzutage angeboten werden, haben *Perkussionszündung.* Ein auf den Piston aufgesetztes Zündhütchen entzündet, wenn der Hahn daraufschlägt, die Pulverladung. Seltener sind *Steinschloß* oder gar *Radschloß*, bei denen ein Feuerstein den zur Zündung notwendigen Funken erzeugt.

Laden

Prinzipiell geht das Laden so vor sich, daß zuerst das abgemessene Pulver in den Lauf geschüttet wird, dann darauf das Geschoß gesetzt und erst zum Schluß das Zündhütchen auf den Piston gedrückt wird. Ob der Schütze ein Schußpflaster verwendet, ob er einen Pfropfen zwischen Pulver und Geschoß gibt, das richtet sich nach der jeweiligen Waffe. Die am häufigsten vorkommenden Revolver haben in der Regel eine eingebaute *Ladepresse*, die mit einem Hebel das Geschoß in die Trommel drückt. Die Kugeln sollten jedenfalls fest aufgesetzt werden.

Sicherheit

Nichtraucher haben beim Vorderladerschießen die besseren Überlebenschancen. Da der Schütze notgedrungen mit losem *Schwarzpulver* hantiert, empfiehlt sich dabei besondere Vorsicht. Rauchen, offenes Licht, Gegenstände, die Funken schlagen können, sind beim Laden oder Umfüllen des Pulvers gefährlich. Am Schießstand darf das Pulver nur in Pulverflaschen geführt werden.

Zündhütchen sind schlagempfindlich und sollten mit der gehörigen Vorsicht transportiert werden.

Das Laden erfordert ganz besondere Vorsicht. Jeder kann sich vorstellen, was geschieht, wenn der Schütze Pulver in den Lauf schüttet, in dem sich noch glühende Pulverreste vom vorigen Schuß befinden. Gar zu hastiges Nachladen kann also zu Unfällen führen. Unter keinen Umständen darf das Zündhütchen gesetzt werden, bevor nicht die Ladung ganz hergestellt ist.

Bei Revolvern besteht die Möglichkeit, daß beim Abfeuern einer Kammer der Feuerstrahl auch die anderen fünf Kammern entzündet – ein sehr eindrucksvolles Erlebnis, aber nicht sehr erstrebenswert. Das Überspringen von einer Kammer zur anderen verhindert Stauferfett, das reichlich über die gesetzten Kugeln geschmiert wird, aber beim Schießen fetten Schmutz fein in der Gegend verteilt.

Daß Vorderladerwaffen nicht mit rauchlosem Pulver geladen werden dürfen, ist selbstverständlich, muß aber immer wieder betont werden, denn viele Schützen haben ihre Waffe damit zerstört und sich selbst verletzt. Wie man diese beiden Pulversorten voneinander unterscheidet, sage ich nicht; wer nicht sicher ist, welches Pulver er vor sich hat, darf es eben nicht verwenden.

Früher oder später stößt es jedem Vorderladerschützen zu, daß ein Schuß nicht losgeht. Was für jeden anderen Schützen eine Kleinigkeit ist, bedeutet für den Vorderladerschützen ein Problem, denn solange der Schuß nicht aus dem Lauf ist, bleibt die Waffe geladen und kann nicht einfach in die Ecke gestellt werden. Oft hilft ein zweites Zündhütchen und löst den Schuß. Funktioniert dies auch nicht, versucht man feinkörniges Pulver durch den Zündkanal hinter die Kugel zu bringen; dies wird erleichtert, wenn man das Pi-

ston abschrauben kann. Haben alle diese Methoden keinen Erfolg, so bleibt nichts anderes übrig, als das Geschoß aus dem Lauf zu ziehen; bei Revolvern geht dies einfach dadurch, daß man eine große Holzschraube von oben in die Kugel bohrt und daran zieht, bei anderen Waffen muß ein eigener Kugelzieher verwendet werden.
Geschlossene Schießstände, die nicht über eine besondere Entlüftungsanlage verfügen, sind für Schwarzpulverschützen tabu, weil die Pulverdämpfe, die nicht abziehen können, zu Vergiftungserscheinungen führen. Der Schütze, der einen eigenen Kellerschießstand eingerichtet hat, darf also dort nicht mit Schwarzpulver schießen.

Reinigung

Die Verschmutzung der Waffe durch Schwarzpulver ist weitaus größer als bei rauchlosem Pulver. Außerdem sind Schwarzpulverrückstände ausgesprochen aggressiv und rosterzeugend, eine baldige Reinigung nach dem Schießen ist daher anzuraten. Am besten hilft viel heißes Wasser, mit etwas Spülmittel versetzt, in das die zerlegte Waffe (ohne Holzteile) hineingelegt wird. Darin reinigt man die Waffe mit Bürsten und spült dann heiß nach. Je heißer das Wasser, desto schneller verdunstet es; nach dem Trocknen wird die Waffe natürlich wieder eingeölt.

Regeln

Das Vorderladerschießen ist erst in jüngster Zeit wieder zum sportlichen Schießen gestoßen. Aber die Vielfalt der Replikawaffen verhindert einheitliche Regeln.
In Hinblick auf die oft unzulänglichen Visiereinrichtungen wird meist auch mit Langwaffen auf die *Pistolenscheibe* in 50 m Entfernung geschossen. Pistolen-Wettbewerbe werden ähnlich den Regeln für Zentralfeuerpistolen abgewickelt. Eine Schwierigkeit, die es verhindert, zu einheitlichen Regeln zu kommen, besteht wie gesagt noch darin, daß die verwendeten Waffen von der Konstruktion und der Leistung her ungeheuer verschieden sind, so daß ein direkter Vergleich nicht möglich ist.
Jedenfalls bedeutet das Vorderladerschießen für jeden Schützen ein ganz besonderes Vergnügen und kann auch dann Spaß bereiten, wenn man keinen sportlichen Ehrgeiz entwickelt.

SMITH & WESSON

1

SMITH & WESSON

2

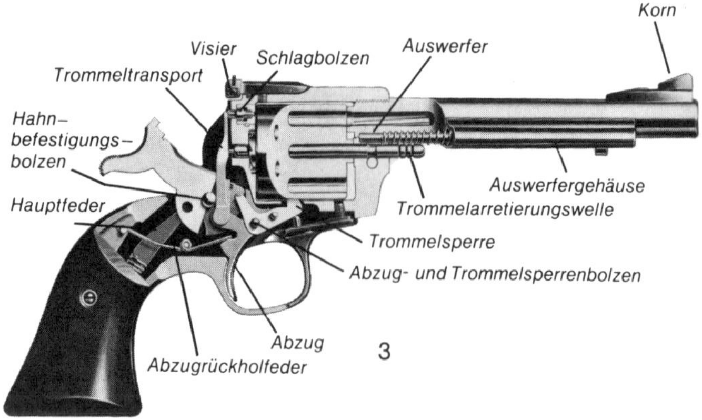
Korn
Visier
Schlagbolzen
Auswerfer
Trommeltransport
Hahn–
befestigungs–
bolzen
Hauptfeder
Auswerfergehäuse
Trommelarretierungswelle
Trommelsperre
Abzug- und Trommelsperrenbolzen
Abzug
Abzugrückholfeder

3

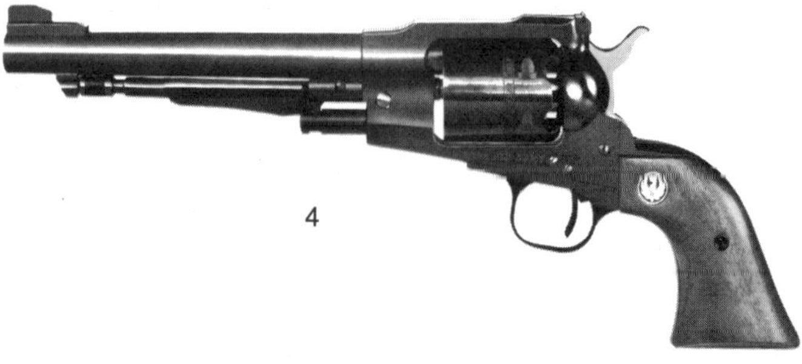

4

Revolver

1 Combat-Revolver, Smith & Wesson Mod. 19 im Kaliber .357 mag. (auch .38 Spec.). Die Waffe ist gleichzeitig auch ein ausgezeichneter Sportrevolver.

2 Sportrevolver von Smith & Wesson, Kaliber .22 lr. (Mod.14)

3 Schnitt durch einen Single-Action Revolver. Wie die meisten anderen Revolver hat auch diese Waffe keine manuell zu betätigende Sicheerung., trotzdem kann der Schuß nur bei voll zurückgezogenem Abzug abgefeuert werden. Der Hammer erreicht nur in dieser Stellung über den Übertragungshebel den Schlagbolzen.

4 Eine Neuentwicklung auf dem Gebiet der Vorderladerrevolver: Ruger Old Army, mit vielen nützlichen und wertvollen Konstruktionsmerkmalen (rostfreie Pistons, unzerbrechliche Schraubenfedern, verstellbare Visierung). Die Waffe wird auch ganz in rostfreiem Stahl hergestellt.

Bogenschießen

Eine der ältesten Waffen ist auch in unserer Zeit nicht unmodern geworden. Im Gegenteil: Der Bogensport erlebt heute eine gewaltige Renaissance. Dies zeigt sich schon darin, daß das Bogenschießen neuerdings wieder zu olympischen Ehren gelangt ist.
Vielleicht liegt die Beliebtheit dieser jahrtausendealten Sportart darin, daß Pfeil und Bogen Urbild und Inbegriff des Schießens überhaupt sind und als älteste technische Erfindung große Anziehungskraft auf jeden ausüben, der sich ernstlich mit dem Schießen beschäftigt. Der Schütze, der den Flug des Pfeiles verfolgt, müßte eigentlich spüren, wie sehr er sich in dem Augenblick, in dem er die Sehne ausläßt, den unbeeinflußbaren Mächten des Schicksals ausliefert. Bogenschießen und Philosophie sind nicht allzuweit voneinander entfernt. Nicht umsonst haben die Griechen gerade ihrem weisesten Gott Apoll den Bogen als Waffe zugeordnet. Die Verwendung des Bogenschießens als Meditationsübung im Zen-Buddhismus gibt einen weiteren Hinweis auf die hohe metaphysische Funktion dieser Waffe. Spannungs- und Entspannungszustand des Körpers und der Seele sind vergleichbar und werden beim Bogenschießen deutlich. Auch das verleiht dem Bogensport gerade in unserer Zeit Bedeutung über den bloßen sportlichen Charakter hinaus. Das Bogenschießen ist außerdem eine Sportart, die jedem Kind vertraut ist: Wieviele zerbrochene Fensterscheiben gehen wohl auf das Konto selbstgebastelter Bogen und Pfeile?
Wenn man das Bogenschießen ohne sportliche Ambition als Freizeitbeschäftigung betreibt, genügen billige Geräte.
Weitere Vorteile, die für den Bogen sprechen: Bewegung in frischer Luft, Stärkung der Hand-und Rückenmuskulatur, keine laufenden Munitionskosten, Ausgleichssport für viele andere Sportarten, lärmfrei und spannend im wahrsten Sinne des Wortes.
Die geschichtliche Entwicklung des Bogens ist sehr differenziert. Manche Völker verwenden heute noch Bogen von primitiver, unzureichender Art, andere haben ihn schon lange vor unserer Zeit

zu einer leistungsstarken Kriegs- und Jagdwaffe entwickelt. Verbesserungen des Bogens werden immer vom Material her bestimmt. Wurde ursprünglich nur Holz verwendet, entdeckten Reitervölker, für die ein kurzer, starker Bogen wichtig war, Horn, Sehnen, Eisen und deren Kombination mit Holz als dauerhafte und spannkräftige Grundmaterialien für den Bogen. Hand in Hand damit geht auch die Abkehr vom einfachen, geraden Bogen zu den *Recurve*-Bogen, die vorgespannt werden müssen und daher viel leistungsfähiger werden. Das Einhängen der Sehne in den Bogen erfordert oft große Kraft. Bei der oft mißverstandenen Geschichte des Odysseus, der als einziger seinen Bogen spannen konnte, geht es nur um das Einhängen der Sehne. Die erhöhte Spannung und Zugkraft erfordert eine andere Zugtechnik. Genügen bei schwachem Zug Zeigefinger und Daumen, müssen mit zunehmender Zugkraft mehr Finger zum Spannen genommen werden. Die von starken Kriegsbogen erreichten Weiten waren ganz gewaltig, entsprechend auch die Durchschlagsleistung. Obwohl diese Leistungen auch von modernen Bogen erreicht werden könnten, verzichtet man doch heute auf allzu große Reichweite zugunsten der Präzision.

Neben dem sportlichen Bogenschießen gewinnt in einigen Ländern das jagdliche Bogenschießen wieder an Bedeutung (USA), ist aber bei uns nicht gestattet. Die modernen Jagdbogen sind durchwegs kürzer als Sportbogen und haben höhere Zugkraft.

Der Bogen

Für den Bogen wird entweder Holz, Metall, Fiberglas oder eine Verbindung von Holz und Fiberglas *(Composite-Bogen)* verwendet. Reine Holzbogen kommen hauptsächlich als billiges Spielzeug in Frage, dasselbe gilt auch für reine Fiberglasbogen. Metallbogen sind fast nicht in Gebrauch, obwohl sie eine Zeitlang sehr propagiert wurden.

Die Sportbogen bestehen heute normalerweise aus einer Verbindung von Fiberglas und Holz, wobei das Holz den Kern, das Fiberglas die Beschichtung bildet.

Das Angebot an Sportbogen ist vielfältig und für den Anfänger verwirrend. Beherrschten früher ausschließlich die Amerikaner den Markt, haben sich heute auch einige deutsche und österreichische Firmen etabliert, die sehr gute Bogen herstellen. Bei der Auswahl des Bogens sollte der Anfänger nicht den Fehler begehen und

meinen, der teuerste und stärkste Bogen würde aus seiner Hand am besten schießen. Der Bogen muß in seiner Charakteristik zum Schützen passen.
Die Zugkraft des Bogens sollte der Leistungsfähigkeit des Schützen entsprechen, wobei man auch daran denken muß, daß der Bogen ja nicht nur einmal, sondern im Verlauf eines Wettkampfes sehr oft hintereinander gespannt wird. Gerade der Anfänger nimmt daher einen Bogen mit etwas geringerer Zugkraft. Normale *Sportbogen* für Männer haben eine Zugkraft zwischen 35 – 40 lbs (Pfund), für Damen 25 – 30 lbs; für das *Feldbogen*-Schießen liegt die Kraft ein wenig höher, da schwerere Pfeile verschossen werden.
Jeder Bogen hat eine vom Hersteller vorgeschriebene Spannhöhe, die man nicht ohne weiteres ändern sollte. Nimmt man eine längere Sehne und vergrößert damit die Spannhöhe, wird der Bogen zu lasch, verringert man sie, wird zwar die Spannung stärker, die Bruchgefahr aber größer.
Der Anfänger sollte auch zunächst ohne Visier schießen, um die Grundbegriffe des Bogenschießens ungestört und ohne Ablenkung erlernen zu können. Visiere können auch nachträglich montiert werden.
Manche Bogen fallen durch vorne paarweise angebrachte Fortsätze auf – hierbei handelt es sich um Dämpfer, die das Eigenschwingungsverhalten reduzieren. Die Verwendung dieser Dämpfer ist durchaus nicht einheitlich; jemand, der erst mit dem Schießen beginnt, sollte sich damit noch nicht belasten.

Die Pfeile

Gute und präzise gefertigte Pfeile sind das A und O guter Schußleistung. Der Schütze muß daher genausoviel Sorgfalt auf die Auswahl der Pfeile wie auf die Auswahl des Bogens legen.
Hauptsächlich werden Pfeile verwendet, deren Schaft aus einem Duraluminiumrohr besteht. Dieses Material hat bei geringem Gewicht große Festigkeit, ist sehr präzise zu verarbeiten und verzieht sich nicht durch die Luftfeuchtigkeit. Allerdings sind diese Pfeile sehr teuer, so daß viele Schützen im Training oder dort, wo Gefahr besteht, daß Pfeile verlorengehen bzw. beschädigt werden, Holz- oder Fiberglaspfeile verwenden.
Beim Abschuß ist der Pfeil einer ziemlichen Biegebelastung ausgesetzt, die dadurch entsteht, daß er von der Sehne nicht nur nach

vorne geschleudert, sondern auch seitlich gegen den Bogen gedrückt wird. Ist der Pfeil im Verhältnis zur Stärke des Bogens zu elastisch, zu wenig steif, wird der Pfeil trotz korrekten Zielens nach rechts abweichen, ist er aber zu steif, wird er nach links abgelenkt. Diese Steifheit des Pfeiles nennt man *Spine-Wert*. Zu jedem Bogen müssen also Pfeile mit dem passenden Spine-Wert verwendet werden. Vor allem müssen alle Pfeile die gleichen Eigenschaften haben, sonst wird der Schütze graue Haare bekommen, wenn er den Fehler bei sich und nicht bei den Pfeilen sucht.
Die Befiederung besteht meistens aus drei oder vier Federn, die in einem geringen Winkel zur Schußrichtung angebracht sind, um während des Fluges einen Drall zu erreichen. Die Federn müssen regelmäßig auf Beschädigungen überprüft werden.
Je mehr Sorgfalt der Schütze auf Auswahl und Behandlung der Pfeile verwendet, um so besser wird er schießen; hier darf auf keinen Fall gespart werden.

Schießtechnik

Das Zielen

Viele wissen nicht, daß man mit dem Bogen genauso zielen kann und zielen muß wie mit jeder anderen Waffe; sie schießen ihre Pfeile mehr oder weniger instinktiv in Richtung Ziel. Bei einiger Übung und auf geringe Entfernungen wird man damit sogar etwas treffen. Einige primitive Jägervölker schießen heute noch nach dieser Methode, sofern die Distanz zum Ziel nicht groß ist und vergiftete Pfeile verwendet werden, wobei es gleichgültig ist, wo der Schuß sitzt. Das ist natürlich nicht die richtige Art, ein Robin Hood zu werden.
Bei jedem Zielvorgang muß der Schütze das Ziel mit der Waffe in Übereinstimmung bringen, wobei er auf der Waffe selbst mindestens zwei Fixpunkte haben muß, wenn er kein Zielfernrohr verwendet. Beim Bogen hat nun entweder die Pfeilspitze oder ein Visier die Funktion des Korns, den zweiten Fixpunkt muß der Schütze selbst an seinem Körper in Verbindung mit der Sehne bilden. Dieser Punkt, der von den Bogenschützen als *Ankerpunkt* bezeichnet wird, befindet sich dort, wo die Zughand den Schützen selbst berührt - meist im Bereich des Kopfes. Der Ankerpunkt muß von Schuß zu Schuß unbedingt gleichbleiben, sonst tritt die-

selbe Wirkung ein, als würde der Gewehrschütze bei jedem Schuß das Visier in der Vertikalen verstellen. Manche Schützen bringen zur Fixierung des Ankerpunktes an der Sehne eine Perle an, die einen bestimmten Teil des Kopfes (z.B. den Mundwinkel) berührt. Wird ein Visier verwendet, kann der Ankerpunkt tiefer liegen. Schützen ohne Visier (*Blankbogen* oder *Bare-Bow*-Schützen) ankern ziemlich hoch.
Beim Visiervorgang muß aber auch die Auszugslänge stets gleichbleiben, weil sonst weder Spannung des Bogens noch Visierlänge stimmen. Zur Kontrolle der Auszugslänge gibt es Hilfsmittel, wie etwa den *Klicker,* der dem Schützen akustisch anzeigt, daß die Auszugslänge erreicht ist.
Aus dem gleichen Grund ist es wichtig, daß der Pfeil immer an derselben Stelle der Sehne sitzt.

Das Ablassen
Das richtige Ablassen entspricht dem Abzugsvorgang bei Feuerwaffen und hat beim Bogen dieselbe Bedeutung für gutes Treffen. Besonders wichtig beim Ablassen ist, daß die Richtung des Pfeiles durch das Ablassen, also das Loslassen der Sehne, nicht beeinflußt wird. Dies ist umso schwerer, als ja die Muskulatur unter beträchtlicher Spannung steht, und beim Lösen dieser Spannung gegenläufige Bewegungen nur schwer zu vermeiden sind.
Das korrekte Ablassen beginnt schon beim Spannen des Bogens: Normalerweise werden drei Finger zum Spannen genommen, Zeige-, Mittel- und Ringfinger. Zwischen Zeige- und Mittelfinger sitzt der Pfeil, dessen *Nocke* aber nicht festgehalten werden darf. Der Auszug wird nur mit den ersten Fingergliedern vorgenommen, nur dann kann korrekt abgelassen werden.
Beim Ablassen soll der Schütze jede ruckartige Bewegung, etwa Zurückziehen der Sehne oder seitliche Bewegungen, unterlassen. Die haltenden Finger werden ganz einfach geöffnet, und die Sehne kommt frei. Psychologisch gesehen, darf man nicht allzuviel Sensation in diesen Vorgang legen – gelassen abzulassen ist oberstes Gebot.
Beim Abbremsen der Vorwärtsbewegung des Bogens durch die linke Hand kann der Flug des Pfeiles noch immer beeinflußt werden. Sehr viele Schützen lassen daher die linke Hand offen, unterstützen den Bogen in Zugrichtung nur mit der Handfläche, so daß die Waffe nach dem Schuß aus der Hand fällt. In diesem Fall braucht man natürlich eine Handschlaufe, sonst fällt der Bogen jedesmal zu Boden.

Bogenschützin – vorbildlicher Auszug

Entfernungen
Auch auf kürzeste Entfernung kann der Schütze die Ballistik des Pfeiles gut studieren. Er muß fast immer mit Flugbahnerhebung schießen. Bei jeder geringen Entfernungsänderung muß daher die Stellung des Visiers neu «erschossen» werden. Vor allem *Feldbogen*-Schützen müssen die Fähigkeit, Entfernungen zu schätzen, entwickeln.

Ausrüstung

Wem die Sehne einigemale gegen den Unterarm geschlagen hat, der gibt entweder das Bogenschießen auf oder kauft sich einen Armschutz.
Die Finger, die die Sehne halten müssen, sollten ebenfalls gegen das Einschneiden geschützt werden, entweder durch einen Handschuh oder einen Lederfleck *(Tab)*.
Köcher gibt es als Stand- und Seiten- oder Rückenköcher.
Wie Tennis ist auch das Bogenschießen ein weißer Sport, der Schütze könnte ohne weiteres in Tenniskleidung antreten. Alles, was sich beim Schießen behindernd auswirkt, weite Ärmel etc., ist ungünstig, auch Hüte oder Schirmkappen können die Sehne irritieren.

Pflege

Es versteht sich von selbst, daß der Bogen nicht unter Spannung aufbewahrt werden darf. Die Pflege des Bogens und der Sehne richtet sich danach, aus welchem Material diese angefertigt sind. Bogen mit Holzteilen sind vor Nässe zu schützen. Die Sehne unterliegt natürlich einer Abnützung und ist zu ersetzen, bevor sie dem Schützen um die Ohren schlägt. Pfeile sollten von Zeit zu Zeit daraufhin untersucht werden, ob sie auch noch gerade sind: Dies kann man feststellen, wenn man sie über eine schiefe Ebene rollen läßt. Nicht jeder Schütze verfügt auch über genügend Fingerspitzengefühl, um verbogene Pfeile wieder geradebiegen zu können. Gelöste und beschädigte Federn sollten befestigt oder ausgetauscht werden. Beim Austauschen aber nicht verschiedene Federnarten (Plastik, Natur) zusammenbringen.

Regeln

Während Gewehr- und Pistolenschützen ins Schwarze schießen, schießt der Bogenschütze ins Gold. Die Scheiben haben zehn Ringe, jeder 3 cm breit. Zwei nebeneinander liegende Ringe haben die gleiche Farbe, und zwar von innen nach außen: Gold, Rot, Blau, Schwarz und Weiß. Die Papierscheiben werden auf Strohscheiben (oder ähnlichem) befestigt, die die Pfeile ohne Beschädigung auffangen. Die Scheibe hat eine Neigung von 15° zur Senkrechten, damit der Pfeil auf die Scheibe möglichst senkrecht auftrifft.
Auf 25 m Entfernung werden normalerweise 30 Pfeile, bei Meisterschaften 60 Pfeile geschossen.
Die sogenannte **FITA-Runde** (Fédération Internationale de Tir à l'Arc) besteht aus 144 Pfeilen, je 36 Pfeile aus 90, 70, 50 und 30 m Distanz. Die Ringe sind hier 6,1 cm breit. Farbe der Scheibe wie vor.
Das *Feldbogenschießen* ist ein jagdliches Bogenschießen, das auf einem Naturkurs auf verschieden große Scheiben in stets wechselnden Entfernungen ausgeübt wird. Die Scheiben sind innen weiß mit schwarzem Ring. Das Feldbogenschießen ist sehr abwechslungsreich, verlangt die Fähigkeit, Entfernungen zu schätzen, und stellt große Anforderungen an die Kondition, weil zwischen den Scheiben, je nach Kurs, ziemliche Strecken liegen.

Armbrustschießen

Wer «Armbrust» hört, denkt sofort an Wilhelm Tell – eine Assoziation, die heute immer noch ihre Berechtigung hat, denn in keinem anderen Land ist das Armbrustschießen so weit verbreitet wie in der Schweiz.
Das Dominieren der Schweiz in diesem Schießsport zeigt sich schon darin, daß der Schütze hauptsächlich auf Waffen angewiesen ist, die in der Schweiz erzeugt werden; in den anderen Ländern ist der Markt ganz einfach zu klein, als daß die Produktion einer so spezialisierten Waffe rentabel schiene.
Die Bedeutung, die der Armbrust früher als Kriegswaffe zukam, wird oft sehr überschätzt: Die Blütezeit dieser Waffe fiel in eine sehr kurze Zeitspanne (ca. 12.-15. Jahrhundert); kurioserweise hat eine historisch viel ältere Waffe, der Bogen, wegen seiner taktischen Überlegenheit die Armbrust von allen Schlachtfeldern verdrängt. Für Kriegszwecke war die Armbrust ganz einfach zu langsam und zu schwerfällig. Diesen Nachteil konnten weder Schußgenauigkeit noch Auftreffwucht und Durchschlagskraft des Bolzens wettmachen.
Was im Krieg ein Nachteil war, schadet aber nicht auf der Jagd und nicht beim Scheibenschießen. Daher wurde die Armbrust schon frühzeitig zur Jagd- und Scheibenwaffe schlechthin: Viele unserer historischen Schützenvereine führen ihr Entstehen auf die Armbrust zurück.
Auch Wilhelm Tell benützte seine Armbrust zur Jagd. Für den einen, alles entscheidenden Schuß genau die richtige Waffe, ob das Ziel nun der Apfel oder der Landvogt Gessler war. Friedrich Schiller zählte aber bestimmt nicht zu den Armbrustschützen, sonst hätte er den dramaturgischen Effekt mit dem zweiten Pfeil, den Tell für den Landvogt bereithielt, falls er sein Kind getroffen hätte, etwas vorsichtiger verwendet. Denn das Spannen der Armbrust dauert sicher länger, als so ein Landvogt ruhig auf seinem Pferd sitzen bleibt.

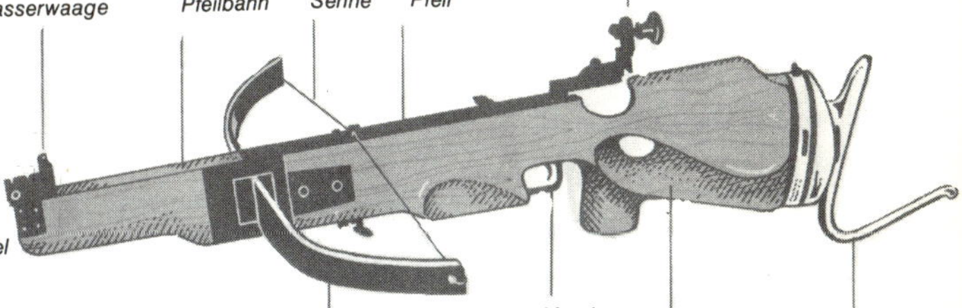

Match-Armbrust

Waffe

Die heutigen Scheibenarmbrüste sind auf die Scheibenentfernung von 30 m konstruiert. Der Bolzen muß die Kraft haben, sich auf diese Entfernung in eine Bleiplatte zu bohren, die hinter der Scheibe steht. Jede Kraft, die darüber hinaus auf den Bolzen einwirkt, schadet der Präzision. Gegenüber den früheren Jagd- und Kriegsarmbrüsten haben die Sportwaffen weniger Spannkraft, erfordern daher keine Winden oder Flaschenzüge für das Spannen, sondern begnügen sich mit einem Spannhebel.
Zur Erhöhung der Präzision läuft die Sehne nicht frei, sondern führt einen Stahlschlitten in einer Schiene; das Überspringen des Bolzens, aber auch das Schiefspannen ist damit ausgeschaltet. Die Aufzugshöhe, also der Weg der Sehne von der Ruhe- bis zur Spannstellung ist ziemlich kurz, um den Schlag auf den Bolzen kurz und erschütterungsfrei zu halten.
Bogen und Sehne bestehen aus Stahl. Andere Materialien (etwa Darmsaiten oder Holz und Horn für den Bogen) wären witterungsempfindlich und nicht so dauerhaft. Die Spannkraft selbst beträgt etwas 100 bis 150 kg – ein Spannen von Hand ohne Spannhebel ist daher nicht möglich. Der Spanner arbeitet nach dem Prinzip des einarmigen Hebels.

Die Visierung entspricht etwa der im KK-Schießen verwendeten Dioptervisierung, die Visierlänge ist durch die Regeln mit 720 mm nach oben begrenzt.
Das Aussehen der Matcharmbrust vom Abzug bis zur Kolbenplatte ähnelt sehr den KK-Büchsen. Pistolengriff und verstellbare Hakenkappe sind vorhanden.
Die Pfeile oder *Bolzen* sind unbefiedert und haben eine stumpfe Spitze, die das Schußloch aus der Scheibe stanzt. Die Spitze *(Zylinder)* des Bolzens muß einen Durchmesser von 6 mm haben, 15 mm lang und aus Stahl sein. Manche Zylinder sind mit einem Gewinde zum Herausdrehen des Bolzens aus der Bleiplatte versehen. Dieses Gewinde darf aber das Schußloch nicht beeinträchtigen.
Die Schießtechnik entspricht dem KK-Gewehrschießen, jedoch wird nur aus der Stehend- und Kniend-Stellung geschossen. Der Schütze hat die Wahl zwischen Schießriemen und Handstütze, beides zusammen darf nicht verwendet werden. Ruhiges Nachhalten der Waffe ist wegen der langsamen Schußentwicklung besonders wichtig.

Regeln

Die Scheibe für das Armbrustschießen ist 200 x 200 mm groß, der Spiegel 98 mm im Durchmesser und umfaßt die Ringe 4 - 10. Der Zehner hat einen Durchmesser von 14 mm, jeder Ring ist 7 mm breit.
Die Entfernung des Schützen zur Scheibe beträgt 30 m. Geschossen werden im Wettkampf insgesamt 60 Schuß, davon 30 stehend und 30 kniend. Geringere Schußzahlen sind bei nationalen Bewerben üblich.

Waffenpflege

Der Kampf gegen den Rost

Schon bei Karl May steht zu lesen, daß Sam Hawkens aus seiner alten, verrosteten Büchse ganz wunderbar schoß. Da der Sportschütze aber heute nicht mehr monatelang in der Prärie herumlaufen muß, gibt es für schlechte Pflege der Waffe keine Entschuldigung, ganz abgesehen davon, daß ein verrosteter Lauf wirklich schlechter schießt.
Jeder Waffenhersteller ist bestrebt, den von ihm erzeugten Waffen schon in der Fabrik einen gewissen Rostschutz zu geben, wobei natürlich zwischen Rostsicherheit, Preis und sportlichen Erfordernissen Kompromisse geschlossen werden müssen.
Der beste und sicherste Rostschutz besteht darin, die Waffe ganz aus rostfreiem Stahl herzustellen. Viele Schützen haben sich wahrscheinlich schon gefragt, warum man erst in jüngster Zeit auf diese gute Idee gekommen ist. Der Grund dafür liegt darin, daß die Verarbeitung dieses Stahls fertigungstechnische Schwierigkeiten bereitet, was sich vor allem im Preis niederschlägt. So werden derzeit vor allem Gebrauchswaffen aus rostfreiem Stahl gefertigt, weil der Käufer hier gerne bereit ist, für die größere Widerstandskraft und vereinfachte Pflege auch wesentlich mehr zu bezahlen.
Bei sportlichen Waffen ist der rostfreie Stahl schon deswegen wenig verbreitet, weil das helle Metall im Visierbereich störend wirkt.
Der häufigste Schutz des Stahls gegen Rost besteht in einer chemischen Oberflächenreaktion (Brünieren, Phosphatieren). Das *Brünieren* ist die weitaus bekannteste Methode und an fast allen Sportwaffen anzutreffen. Es hemmt nicht nur den Rost, sondern bewirkt gleichzeitig eine dunkle (braune, schwarze oder blaue) Färbung des Metalls, was bei Sportwaffen wegen der Reflexunterdrückung und der Kontrasterhöhung im Visierbereich sehr erwünscht ist. Leider gibt es bei Brünierungen ziemliche Qualitäts-

unterschiede, was man nicht immer schon beim Kauf einer Waffe erkennen kann.

Phosphatierung gibt der Waffe guten Rostschutz, sieht aber sehr nach Militär aus und ist bei sportlichen Waffen kaum anzutreffen.

Für das *Verchromen* gilt dasselbe, was beim rostfreien Stahl gesagt wurde: Der an sich gute Rostschutz durch dieses Verfahren scheidet aus sportlichen Erwägungen meist aus.

Schließlich kann das Metall mit *Kunststoffen* (vor allem Teflon) *beschichtet* werden. Dieses Verfahren wird heute vor allem bei militärischen Waffen angewendet und befindet sich erst am Anfang der Entwicklung, so daß hier noch sehr gute Lösungen des Rostproblems zu erwarten sind. Diese Kunststoffe haben gleichzeitig einen selbstschmierenden Effekt, das Ölen könnte also entfallen. Von den Schützen wird aber derzeit noch alles, was Kunststoff heißt, mißtrauisch betrachtet; es wird sicher einige Zeit dauern, bis solche Beschichtungen auch bei Sportwaffen Eingang finden.

Wenn also auch die Brünierung die Rostfreudigkeit des Stahls reduziert, ist es doch erforderlich, das Metall zusätzlich zu schützen. Die heute im Handel angebotenen Waffenöle können dafür unbedenklich verwendet werden und verhindern bei regelmäßiger Anwendung sicher den Rost. Man darf sich jedoch nicht darauf beschränken, die Waffe nur nach dem Gebrauch zu ölen, denn das Öl verflüchtigt sich nach einiger Zeit.

Wenn eine Waffe längere Zeit nicht benützt werden soll, kann man sie in rosthemmendes Papier eingeschlagen aufbewahren. Dieses Papier wird von manchen Waffenfabriken als Verpackung mitgeliefert oder ist bei Werkzeugfabriken erhältlich.

Für den Schützen ist der Rost nicht nur ein Schönheitsfehler. Rost im Lauf zerstört die scharfen Kanten der Züge und Felder und beeinträchtigt die Präzision; darüber hinaus schwächt der Rost auch Metallteile, die für die Funktion und die Sicherheit wesentlich sind, so daß eine stark verrostete Waffe auch ein Sicherheitsrisiko bedeutet.

Wie reinigt man Waffen?

Nach jedem Schuß bleiben in der Waffe Ablagerungen und Rückstände, die entfernt werden sollten, bevor der Schütze die Waffe beiseite stellt.

Seit der Verwendung von Zündsätzen, die kein Knallquecksilber mehr enthalten, und der Erfindung des rauchlosen Pulvers sind zwar diese Rückstände nicht mehr so aggressiv und rosterzeugend, trotzdem tut man seiner Waffe nur Gutes, wenn man sie nicht allzulange ungereinigt läßt.

Was sich so im Lauf ansammelt, besteht einerseits aus Pulverschmauch, unverbranntem Pulver und andererseits aus Ablagerungen, die das Geschoß hinterläßt, wenn es sich in die Züge einpreßt.

Die Reinigung beginnt mit einer oberflächlichen Säuberung. Dazu nimmt man einen leicht ölgetränkten, aber sonst sauberen, weichen Stofflappen. Er sollte möglichst wenig fasern, es empfiehlt sich daher, oftgewaschene Tücher zu verwenden. Je nach Konstruktion der Waffe wird der Schütze nun eine zumindest teilweise Demontage vornehmen. Um unliebsame Auseinandersetzungen mit anderen Familienmitgliedern – die für die Reinigung der Tischtücher zuständig sind – zu vermeiden, sollte man die Demontage auf einer ausgebreiteten Zeitung vornehmen, was noch den weiteren Vorteil hat, daß der Putzer kleine Teile, die herumrollen, leichter wiederfindet. Die einzelnen Teile werden in der beschriebenen Weise gereinigt.

Nun kommt der Lauf an die Reihe. Als oberste Regel gilt, daß der Lauf vom Patronenlager her gereinigt werden sollte. Bei den meisten Revolvern geht das nicht, weil der Rahmen dabei im Weg ist – in diesem Fall muß die Mündung mit besonderer Sorgfalt behandelt werden.

Der *Putzstock* sollte nicht aus Metall bestehen – hölzerne Putzstöcke müssen mit Plastikmaterial AFüberzogen sein, denn der Schmutz, der sich in das Holz setzt, wirkt auf lange Sicht wie Schmirgel. Zu dünne Putzstöcke verbiegen sich unter Druck, streifen an der Laufwandung und sind daher nicht zu empfehlen. Die Laufreinigung wird zunächst mit einer Borstenbürste begonnen, mit der man die größten Verunreinigungen entfernt. Bei Flintenläufen erspart man sich viel Arbeit, wenn man vor der eigentlichen Reinigung einen Pfropfen aus Zeitungspapier durch den Lauf stößt.

Ist der Lauf bei oberflächlichem Durchsehen halbwegs sauber, wischt man ihn mit leicht ölgetränktem *Werg* durch und inspiziert nochmals, ob wirklich alles blank ist. Die Ablagerungen, die dann eventuell noch zu sehen sind, bestehen meist aus Geschoßmaterial, entweder Blei oder Geschoßmantelbestandteilen. Bei der Entfernung dieser zumeist hartnäckigen Verunreinigungen ist die Chemie der rohen Gewalt vorzuziehen. Abzuraten ist jedenfalls von Stahlwolle oder Stahldrahtbürsten, weil diese den Lauf ruinieren.

Messingdrahtbürsten können sparsam verwendet werden. Chemische Mittel, die diese Ablagerungen lösen, gibt es im Fachhandel, nur muß der Schütze natürlich wissen, welche Ablagerungen sich in seinem Lauf befinden (Tombak, Kupfer, Flußstahl, Nickel usw.).

Nach der Reinigung wird der Lauf und die ganze Waffe leicht eingeölt. Bevor man wieder mit der Waffe schießt, sollte der Lauf aber trockengewischt werden. Das Öl führt nämlich sonst bei den ersten Schüssen zu Trefferabweichungen. Beim Reinigen sollte der Schütze die Gebrauchsanweisung beachten und die Waffe nicht weiter zerlegen, als vorgeschrieben ist. Das Zusammensetzen stellt den Ungeübten sonst oft vor Rätsel, die nur mit Hilfe des Büchsenmachers gelöst werden können. Revolver müssen überhaupt nicht zerlegt werden, normalerweise genügt es, die Trommel auszuklappen.

Magazine dürfen beim Reinigen keine Stiefkinder sein – sehr viele Ladehemmungen gehen auf das Konto vernachlässigter und verschmutzter Magazine.

So sehr gute und sorgsame Pflege die Lebensdauer einer Waffe verlängert, können Fehler bei der Waffenreinigung großen Schaden anrichten. Wer mit stark verschmutzten Lappen und Bürsten seine Waffe pflegt, wird keinen Schmutz entfernen, sondern die Waffenoberfläche zerkratzen und den Lauf ausschmirgeln. Wergpolster dürfen, wenn sie versehentlich oben aus der Laufmündung herausgestoßen wurden, nicht mit Gewalt zurückgezogen werden; man muß den Kopf des Putzstockes abschrauben und dann den Stock leer herausziehen, sonst beschädigt man die Mündung und richtet mehr Schaden an, als wenn man den Lauf überhaupt nicht reinigt.

Vor allem sollten alle harten Gegenstände aus dem Putzzeug verbannt werden. Zahnstocher oder Streichhölzer, aber auch alte Zahnbürsten sind zum Reinigen schwer zugänglicher Stellen besser geeignet als Schraubenzieher, um die ein Lappen gewickelt ist, weil ja das Metall doch durch den Stoff dringt. Überhaupt müssen Schraubenzieher, die zum Zerlegen der Waffe verwendet werden, in die Schraubenschlitze hunderprozentig passen; Schraubenzieher, die abrutschen, weil sie zu groß oder zu klein sind, können gewaltige Kratzer verursachen oder die Schraube so zerstören, daß sie unbrauchbar wird.

Normalerweise sind Waffen so konstruiert, daß sie weder zum Zerlegen noch zum Zusammenbau besondere Kraftanwendung verlangen. Ausnahmen stehen sicher in der Betriebsanleitung. Der Schütze hüte sich jedenfalls vor Gewaltakten.

Zum Ölen sollen nur spezielle *Waffenöle* verwendet werden. Andere Öle, auch wenn sie noch so gut sein mögen, rufen vielleicht mit den Pulver- oder Geschoßrückständen chemische Reaktionen hervor, die auch den Stahl der Waffe selbst angreifen. Manche Waffenöle werden in Spraydosen geliefert, was sich dann bewährt, wenn der Schütze nicht in der Lage ist, die Waffe gleich nach dem Schießen zu reinigen. Einige Sprühnebel in den Lauf und in den Verschluß – und man kann beruhigt den Sieg feiern gehen.
Schäfte und Griffschalen bedürfen einiger Pflege, wenn sie nicht aus Kunststoff sind, was aber bei guten Sportwaffen nur selten vorkommt.
Holzbestandteile an Waffen sind in drei Oberflächenbehandlungen anzutreffen: *Ölschäfte.* Das Holz ist unter Verwendung eines besonderen Öls poliert. Die so behandelte Oberfläche greift sich am angenehmsten an, bedarf aber einiger Pflege, die darin bestehen kann, das Holz von Zeit zu Zeit mit einem Schaftöl einzulassen und dann leicht nachzupolieren. Gutes Holz zeigt dadurch seine Maserung immer besser und ist sehr witterungsbeständig. Das Schaftöl darf aber unter keinen Umständen in den Mechanismus gelangen, weil es verharzt und die ganze Waffe funktionsuntüchtig machen kann.
Lackiertes Holz macht dem Hersteller wenig Mühe, wird daher immer häufiger geliefert. Es verlangt keine Pflege, zumindest nicht, solange der Lack hält. Nach stärkerem Gebrauch ist der Schaft etwa in einem halben Jahr unschön. Der Schütze wird dann selbst mit viel Geduld, Arbeit und Schaftöl einen Ölschaft herstellen.
Polyesterbehandeltes Holz. Eine recht haltbare und im Schaufenster des Waffengeschäftes schön wirkende Holzbehandlung, greift sich aber wie Plastik an und rutscht in nassen Händen. Dieser Schaft bedarf keiner Pflege, wird aber aus Handhabungsgründen von den meisten Schützen abgelehnt.

Aufbewahrung

Bei der Aufbewahrung steht die Sicherheit im Vordergrund. Ganz abgesehen von der Sicherheit empfiehlt es sich aber, die Waffen an Orten aufzuheben, die von anderen Personen des Haushaltes nicht benützt werden. Wenn dem Schützen das Gewehr zu Boden fällt, wird er sich am Schießstand davon überzeugen, ob die Visierung noch stimmt. Passiert dies aber einem anderen Familienmitglied, erfährt es der Schütze erst dann, wenn er sich bereits am Schießstand blamiert hat. Schränke, in denen auch Wäsche aufgehoben wird, sind zu meiden – nicht deswegen, weil die Wäsche Ölflecken bekommen könnte, sondern weil Wäsche Luftfeuchtigkeit anzieht und die Waffen dadurch rosten.

Für den Transport und auch für die Aufbewahrung gibt es Waffenkoffer, die auch mehrere Waffen aufnehmen können. In diesen Koffern ist auch Platz für Patronen, Gehörschutz, Schießbrille, Fernrohre für die Zielbeobachtung, Schußpflaster, Waffenölspray etc. Wem diese Anschaffung zu teuer ist, der kann selber mit ein wenig Bastelgeschick solche Koffer herstellen. Im Koffer muß die Waffe möglichst unverrückbar liegen, was entweder durch Polstern mit Schaumgummi erreicht wird oder dadurch, daß man die Konturen der Waffe nachbaut; dies ist natürlich schwieriger und hat den Nachteil, daß immer nur eine bestimmte Waffe hineinpaßt. Wer seine Waffen in ledernen Taschen trägt oder transportiert, soll jedoch die Waffe nicht länger darin aufheben, weil manche Ledergerbungen die Brünierung angreifen – was sich erst dann herausstellt, wenn es zu spät ist.

Besonders Vorsichtige verstopfen die Laufmündung, wenn die Waffe längere Zeit weggestellt wird. Da bei Temperaturschwankungen Schwitzwasser im Laufinneren auftritt, rate ich davon ab. Außerdem besteht die Gefahr, den schönen Stöpsel einmal mit dem ersten Schuß herauszuschießen.

Den guten Schützen kann man daran erkennen, wie er seine Waffe pflegt und behandelt. Der Respekt, mit dem der Schütze die Waffe handhaben muß, erfordert auch, daß er alles vermeidet, was ihr schadet.

Elegant und profimäßig aussehende Bewegungen, etwa das Auf- und Zuklappen der Revolvertrommel aus dem Handgelenk, das Zuschlagen des Verschlusses mit der Handkante – das mag jemanden, dessen einzige Erfahrung mit Waffen aus dem Besuch von Wildwest- oder Kriminalfilmen herrührt, beeindrucken, entlarvt aber den Angeber in den Augen des erfahrenen Schützen.

Wiederladen

Bei der Herstellung der Patrone entfällt ein Großteil der Kosten auf die Hülse; jemand, der seine leergeschossenen Patronen wegwirft, hat am Ende seiner Schützenlaufbahn buchstäblich ein Vermögen verschleudert.
Der gute Schütze muß viel schießen, jedes Sparen an den Patronen hieße Sparen am falschen Platz. Ein Schütze also, der vor jedem Schuß an die Kosten denkt, kann und wird auch keine guten Ergebnisse erzielen. Für jeden eifrigen Schützen kommt früher oder später einmal die Zeit, wo er daran denkt, sein eigener Munitionsfabrikant zu werden.
Nicht alle Patronen können wiedergeladen werden. Kleinkaliberpatronen mit Randfeuerzündung muß man nach dem Schuß leider wegwerfen. Kleinkalibermunition ist aber nicht so teuer, daß sich nicht jeder Schütze seine Munition kaufen könnte. Manchen Großkaliberschützen dagegen bewahrt nur das Wiederladen vor dem finanziellen Ruin.
Für den Sportschützen hat aber das Wiederladen noch einen weiteren, sehr wichtigen Vorteil: Wenn die Patronen sehr genau und mit großer Sorgfalt bearbeitet und hergestellt werden, kann der Wiederlader die Präzision normaler Fabrikmunition nicht nur erreichen, sondern wird sie sogar übertreffen – ein nicht zu unterschätzender Vorteil im sportlichen Wettkampf.
Eine gute und stabile *Ladepresse*, mit der man auch mehrere Kaliber laden kann, kostet heute etwa soviel wie 200 Patronen .222, einfache Geräte entsprechend weniger. Der Schütze, der ernsthaft daran denkt, seine Patronen selbst zu laden, sollte sich besser eine stärkere Ladepresse kaufen – die Kosten dafür amortisieren sich in ziemlich kurzer Zeit.
Der Rohstoff für die Patronen selbst kostet wenig: Die Hülsen sammelt man auf Schießständen auf, auch sind viele Schützen, die nicht wiederladen, froh darüber, wenn man ihnen die Hülsen abnimmt. Mit einem Kilogramm Pulver kann man unwahrscheinlich

viele Patronen laden. Die Geschosse kauft man am besten fertig. Wer sie selbst gießt, kann natürlich die Kosten weiter senken.
Über die einzelnen Marken und Systeme der Wiederladegeräte zu berichten, würde über den Rahmen des Buches hinaus gehen. Die meisten Geräte stammen aus den USA und weisen, wenn man Geräte derselben Preisklasse vergleicht, nur wenig Qualitätsunterschiede auf.
Wie man nun Patronen lädt, richtet sich im einzelnen nach dem verwendeten Gerät. Der prinzipielle Vorgang ist aber immer der gleiche: Zuerst wird das Zündhütchen ausgestoßen, dann die Hülse *kalibriert,* das heißt, daß sie auf ihr ursprüngliches Maß zurückgestaucht werden muß, weil sie sich beim Schuß ausgedehnt hat. Dann wird die Hülse gereinigt, mit einem Zündhütchen versehen, mit Pulver gefüllt und schließlich das Geschoß gesetzt. Das Geschoß muß manchmal – je nach Art der Patrone – durch Einbördeln des Hülsenmundrandes fixiert werden. Faßt man mehrere Arbeitsgänge zusammen, kann man eine sehr große Herstellungsgeschwindigkeit erreichen, muß dabei jedoch beachten, daß jede Hülse mit allen Ladekomponenten versehen wird. Denn es ist peinlich, eine Patrone zu verschießen, bei der das Pulver vergessen wurde, und unangenehm, wenn man irrtümlich zweimal Pulver gefüllt hat.
Nicht alle Hülsen lassen sich gleich gut laden. Günstiger für den Wiederlader ist das *Boxer-* oder *Amboßzündhütchen,* weil es sich von oben leicht ausstoßen läßt, während *Berdanzünder* ein eigenes Ausstoßgerät erfordern. Auch ist die Qualität der Hülsen selbst sehr unterschiedlich. Manche halten fünf- oder zehnmaliges Laden aus, für manche ist schon einmal zuviel.
Wenn der Wiederlader über einige Praxis verfügt, wird er bald eigene Ladungen komponieren wollen. Dabei muß man aber bedenken, daß Hülsenvolumen, Pulversorte, Geschoßgewicht und Geschoßbeschaffenheit aufeinander abgestimmt sein müssen und sich der Charakter der ganzen Patrone ändern kann, wenn auch nur eine Komponente verändert wird. Experimente dürfen daher nur vorsichtig und schrittweise gemacht werden, damit nicht die Leistung der Patrone die Haltbarkeit der Waffe übersteigt. Eine genaue Pulverwaage und Ladetabellen gehören daher unbedingt zu einem gewissenhaften Wiederlader. Obwohl beim Wiederladen kaum Umfälle passieren, ist doch eine gewisse Vorsicht am Platz. Die Zündhütchen sind äußerst schlagempfindlich, eine Explosion reicht zumindest für eine Augenverletzung aus. Raucher sollten das Wiederladen dazu benützen, sich dieses Laster abzugewöhnen.

Training

Jede sportliche Betätigung, auch wenn sie nur zum persönlichen Vergnügen und ohne besonderen Ehrgeiz betrieben wird, erfordert einen gewissen Trainingsaufwand. Nur richtiges und sinnvoll betriebenes Training ermöglicht es dem Sportler, seine vorhandenen Fähigkeiten und Begabungen so einzusetzen und auszubilden, daß er ein Höchstmaß an Leistung erreicht.
Wie wichtig das Training für den Sportler auch immer sein mag, so ist es sicher falsch, das Training nur vom Standpunkt des absoluten Spitzensportes aus zu betrachten, denn dort, wo die Arbeit für einen bestimmten sportlichen Erfolg den ganzen Lebenslauf eines Menschen bestimmt und die Gesundheit gegenüber der Leistung zurückgestellt wird, verliert auch der Sport seine ursprüngliche Bedeutung.
Im Gegensatz zu vielen anderen Sportarten ist das sportliche Schießen von Trainingsexzessen weitgehend verschont geblieben. Der Grund dafür liegt vor allem darin, daß beim Schießen der geistigen Leistungsfähigkeit und der nervlichen Konstitution des Schützen mehr Bedeutung zukommt als der Muskelkraft und der Geschicklichkeit. Das hat aber auch zur Folge, daß noch so intensives körperliches Training ohne die richtige geistige Disposition nicht den gewünschten Effekt haben kann.
Wie wichtig aber die geistige und seelische Ausgeglichenheit beim Schießen ist, werden alle jene Wie wichtig aber die geistige und seelische Ausgeglichenheit beim Schießen ist, werden alle jene Schützen bestätigen, die ihre guten Trainingsleistungen im Wettkampf nicht wiederholen können (das ist gar nicht allzu selten) oder bei denen sich privater oder beruflicher Streß deutlich auf der Scheibe zeigt.
Wer in dieser Hinsicht Schwierigkeiten hat, dem kann vielleicht *autogenes Training* helfen, das sicher mehr ist als eine bloße Modeerscheinung. Allerdings ist es nicht zu empfehlen, derartige Versuche ohne Anleitung fachkundiger Personen anzustellen, die Ge-

fahr, sich Falsches oder Unnützes einzulernen, ist allzu groß. Gut eingesetztes autogenes Training führt zu einer weitgehenden Beherrschung und Kontrolle des vegetativen Nervensystems, das sonst der willkürlichen Beeinflussung nicht unterliegt, und kann Nervosität oder Fehler beim Schießen, wie etwa das «Mucken», beseitigen.

Zwar wirkt dieses Training nicht bei allen Menschen gleich gut – was bei dem einen wie ein Wunder erscheint, hat beim anderen überhaupt keine Wirkung –, doch sollte jeder Schütze es wenigstens einmal probieren.

Ein weiterer wesentlicher Unterschied zwischen dem Training des Schützen und dem Training für andere Leistungssportarten ist der, daß beim Schießen viel leichter der Effekt des *Übertrainierens* eintritt, also trotz intensiven Trainings keine Leistungssteigerung, sondern im Gegenteil eine Verschlechterung zu bemerken ist. Ein gutes Rezept dagegen lautet: Das Training sofort zu unterbrechen und mit einer anderen Waffenart ohne Leistungszwang weiterzuschießen – so z.B. das Gewehr wegzulegen und zur Pistole zu greifen. Um das Übertrainieren zu vermeiden, sollten solche Lockerungsübungen während des Trainingsprogrammes öfter bewußt eingebaut werden.

Zur Beruhigung aller jener, die nicht regelmäßig zum Trainieren kommen, sei außerdem gesagt, daß die Grundkenntnisse des Schießens, einmal erlernt, kaum wieder verlorengehen, und der Schütze auch nach längerer Trainingspause ziemlich rasch zu seiner gewohnten Form zurückfinden wird, vorausgesetzt, daß er bei seinen ersten Schüssen von sich selbst noch nicht zu viel verlangt.

Übungen im scharfen Schuß

Übungen im scharfen Schuß sollten so durchgeführt werden, daß der Schütze die Bedingungen des Wettkampfes genau nachahmt. Natürlich schießt man dabei nicht immer ein ganzes Programm, sondern konzentriert sich auf jene Teile des Schießens, bei denen man sich schwächer fühlt.

Dieses Training soll im wesentlichen folgendes erreichen:

1. Der Schütze soll Fehler erkennen,
2. die erkannten Fehler müssen verbessert werden und
3. die Verbesserungen werden solange geübt, bis das richtige Verhalten automatisch und ohne Korrekturen jederzeit wiederholt werden kann.

Daher muß der Schütze auch im Training stufenweise vorgehen. Es hat also beispielsweise keinen Sinn, wenn eine vom Trainer vorgezeigte Haltung eingelernt wird und der Schütze nicht gleichzeitig feststellen kann, wieso diese und keine andere Haltung die richtige ist. Viel besser ist es, wenn der Schütze auf dem Umweg über einen Fehler, den er gemacht hat, erkennt, wie er den Kopf halten oder den Abzug bedienen muß usw. Meiner Ansicht nach ist das schwierigste Problem des Trainings nicht nur, eigene Fehler zu erkennen, sondern genau zu merken, was man falsch gemacht hat. Ein Schütze, der dazu selbständig und ohne Hilfe von außen in der Lage ist, wird solche Fehler auch sicher kein zweites Mal begehen.

Hier einige Grundsätze für das Training:

1. Immer nur ein Detail verändern

Wenn der Schütze seine Leistung steigern will, muß er notwendigerweise auch etwas an seiner Haltung, an seiner Stellung oder an seinen Bewegungen verändern. Wirksam kontrollieren kann er die Auswirkungen dieser Veränderungen aber nur, wenn immer nur ein einzelnes Detail verändert worden ist. Keinesfalls darf während des Trainings das Visier verstellt werden, außer, die Waffe soll eingeschossen werden.

2. Trainingsbuch führen

Die im Training gewonnenen Erfahrungen sind wertlos, wenn sie nicht in einem *Trainingsbuch* festgehalten werden. Im Trainingsbuch sollen aber nicht nur die Ringzahlen vermerkt werden, sondern auch alle anderen Umstände wie: Lage der Schüsse auf der Scheibe (evtl. mit Zeichnung), Licht- und Windverhältnisse, verwendete Patronen, Tageszeit, Schußintervalle u.a.

3. Erschwernisse einbauen

Sehr günstig ist es, wenn der Schütze sich während des Trainings Zeitbegrenzungen auferlegt, die noch über den Wettkampfbedingungen liegen; die Zeiteinteilung und die Beherrschung der Zeitbegrenzung im Wettbewerb wird dadurch sehr erleichtert, der Schütze wird mit dem Zeitdruck leichter fertig.
Auch das Trainieren unter schlechten Lichtverhältnissen oder bei starkem Wind bringt dem Schützen Vorteile, wenn im Wettkampf einmal eine solche Situation eintritt.

4. Konzentration auf Einzelheiten

Im Training hat der Schütze die Zeit, die ihm im Wettkampf fehlt. Das Training muß daher auch dazu benützt werden, an Kleinigkeiten zu feilen oder Neues auszuprobieren. Wer nie den Mut hat, einmal etwas ganz Neues zu versuchen, wird ein bestimmtes Leistungsniveau nie überschreiten können.

Trockentraining

Nicht viele Schützen haben Zeit und Gelegenheit, einmal in der Woche auf dem Schießstand zu üben. Aber auch derjenige, der alle Trainingsmöglichkeiten im scharfen Schuß ausnützen kann, sollte nicht auf das Trockentraining, also auf das Üben mit der Waffe ohne Schuß verzichten.

In weiten Kreisen der Waffenbesitzer herrscht die Meinung vor, daß man Waffen ohne Patrone nicht abschlagen soll. Dies trifft wohl für manche Jagdwaffe zu, die meisten Sportwaffen sind jedoch eigens für das Trockentraining konstruiert, können daher, ohne Schaden zu nehmen, auch ohne Patrone abgezogen werden. Schäden treten bei *Randfeuerwaffen* dann auf, wenn der Schlagbolzen auf den Rand des Patronenlagers auftreffen kann und demzufolge mit der Zeit entweder abbricht oder das Patronenlager beschädigt. Am besten erkundigt man sich schon beim Kauf der Waffe nach den Trockentrainingsmöglichkeiten. Im Zweifelsfalle werden *Pufferpatronen* oder leere Hülsen in das Patronenlager eingeschoben. Das vermeidet Schaden an der Waffe und am Schlagbolzen.

Der Wert des Trockentrainings liegt darin, daß der Schütze sein Gefühl für die Waffe und vor allem für den Abzugsvorgang enorm steigern kann. Vorteilhaft ist natürlich auch, daß diese Art des Trainings niemanden belästigt, lautlos stattfindet und auch zu Hause bei jeder Witterung möglich ist.

Der Schütze muß im Trockentraining bestrebt sein, dieselbe Stellung und Haltung wie beim Wettkampf einzunehmen und besonders das Nachhalten, also sein Verhalten nach dem Lösen des Schusses, zu beobachten. Weil beim Trockentraining Schuß, Knall und Rückstoß wegfallen, zeigt sich jeder Fehler beim Abziehen besonders deutlich – deutlicher als beim scharfen Schuß. Vor allem bei Schützen, die beim Abziehen die Kontrolle über die Waffe verlieren, bringt das Trockentraining schnell Besserung. Auch die Fähigkeit, das Abkommen bei jedem Schuß feststellen zu können, wird am ehesten durch Trockentraining erlernt.

Überflüssig zu sagen, daß auch bei dieser Art des Trainings alle Sicherheitsvorschriften beachtet werden müssen, daß nur auf etwas gezielt werden darf, was auch den Einschlag einer Kugel verträgt.

Spezielle Übungen

KK-Gewehrschützen

Vor allem die Perfektionierung der guten und stabilen Haltung muß beim Gewehrschützen im Vordergrund stehen. Je nach Begabung wird der Schütze früher oder später die speziell für ihn günstigste Stellung herausgefunden haben. Dabei wird es nicht ausreichen, nur am Schießstand zu üben – dort sind die Ablenkungen durch das Schießen selbst, aber auch durch die Umgebung zu groß – das Ausfeilen der Stellung geschieht am besten in Ruhe zu Hause.
Welche Stellung der Schütze auch immer einnimmt – ob stehend, kniend oder liegend –, besonders wichtig ist dabei, daß er sich mit der Waffe im Gleichgewicht befindet und diesen Gleichgewichtszustand auch deutlich spürt; denn das Gefühl der Stabilität ist für die gute Schußleistung außerordentlich wichtig. Um sich dieses Gefühl bewußt zu machen, schließt man während des Übens öfter die Augen und konzentriert sich abschnittsweise auf den Spannungszustand der einzelnen Muskelgruppen. Das «Muskelgedächtnis», das den Schützen in die Lage versetzt, eine bestimmte Stellung immer wieder in gleicher Weise einzunehmen, wird dadurch sehr ausgeprägt. Der Schütze wird dann am Schießstand das zu Hause Erlernte wie im Schlaf reproduzieren können.
Diese Übungen werden vervollständigt dadurch, daß man den Zielvorgang nach und nach miteinbezieht. Auf Zimmerentfernung wird man allerdings nicht auf eine normale KK-Scheibe zielen können, sondern muß auf einem weißen Blatt Papier den Spiegel der Scheibe schwarz markieren (z.B. mit Schußpflaster).
Erst dann, wenn die Stellung fixiert ist und der Zielvorgang klappt, wird der Schütze das Abziehen im Trockentraining dazunehmen. Dabei ist besonders darauf zu achten, daß durch die Bewegung des Abzugsfingers auch nicht die kleinste Erschütterung auf die Waffe übertragen wird.
In den beiden Stellungen Liegend und Kniend ist häufiges Training schon deshalb zu empfehlen, damit der Körper an die Druckstellen, die durch Schießriemen, Sitzen auf der Ferse oder Aufstützen der Ellbogen entstehen, gewöhnt wird und während des Wettkampfes keine Schmerzen auftreten.

Laufende Scheibe

Welche Übungen auf dem Schießstand zweckmäßig sind, wurde bereits im entsprechenden Kapitel beschrieben.
Der Schütze, der zu Hause üben möchte, wird vor allem den Anschlag trainieren. Will man auch die Schwenkbewegung trainieren,

sollte dies nicht ohne Hilfsmittel erfolgen, weil der Schütze sonst nicht kontrollieren kann, ob die Bewegung auch wirklich waagrecht verläuft. Eine ganz gute Hilfe für das Schwenken wäre ein dicker, deutlich sichtbarer Strich an einer weißen Wand, der in der Höhe und in der Länge etwa der auszuführenden Bewegung entspricht. Entlang dieses Striches visiert nun der Schütze während des Schwenkens der Waffe. Bei zu geringer Entfernung zur Wand wird allerdings das Zielfernrohr entweder in der Schärfe verstellt oder überhaupt abgenommen werden müssen.
Sehr findige Bastler unter den Modelleisenbahnern können sich mit Hilfe ihres Hobbys eine «laufende Scheibe» herstellen (die Lokomotive zieht die auf einem Wagen befestigte Scheibe auf einer ovalen Bahn, die seitlichen Kurven sind durch Blenden verdeckt), doch empfiehlt es sich nicht, auf diese Scheibe scharf zu schießen. Es gibt aber auch fertige Heimschießstände zu kaufen, die mit dem Luftgewehr beschossen werden können.

Pistole
Da die Leistung des Pistolenschützen hauptsächlich von der korrekten Betätigung des Abzuges abhängt, sollte sich das Training darauf konzentrieren. Häufiges Trockentraining bringt die besten Ergebnisse, vor allem, wenn man bestrebt ist, den ganzen Abzugsvorgang möglichst zu beschleunigen und reflexmäßig auszubilden. Trainingswaffen, die verstellbare Abzugsgewichte haben, sollten im Training manchmal mit dem höchstmöglichen Gewicht geschossen werden; Abzugsfehler zeigen sich dann besonders gut. Ich persönlich halte Double-Action-Schießen mit guten Revolvern für das beste Training des Pistolenschützen. Obwohl die ganze Bewegung des Abzugsfingers dabei viel komplexer ist als beim Single-Action-Schießen, ist das DA-Schießen deshalb so wertvoll, weil der Schütze dabei das Visier während kontinuierlich sich verändernder Widerstände unter Kontrolle halten muß.
Manche Pistolenschützen sind der Ansicht, daß starke Erhöhung des Waffengewichtes im Training – etwa durch Anhängen von Gewichten an den Lauf der Waffe – die Haltung verbessern könnte. Ob das stimmt, möge man durch eigene Versuche herausfinden. Es schadet jedenfalls nicht, wenn der Pistolenschütze seine Hand- und Armmuskeln durch geeignete Übungen (Isometrie, Handmuskeltrainer) stärkt.

Schnellfeuerpistole
Hier muß der Schütze besonders das Auffahren zur Scheibe und die darauffolgende Schwenkbewegung trainieren. Die Umsetzung

der Aufwärts- in die Schwenkbewegung ist die heikelste Phase des ganzen Vorganges, weil in diesem Moment der Schuß fallen sollte. Vor allem ist darauf zu achten, daß der Bewegungsfluß so wenig wie möglich unterbrochen werden darf, und der Abzugsvorgang in der Schwenkbewegung integriert sein muß. Der Schütze, der zu Hause trainieren will, wird sich vielleicht ein Mini-Duellscheibengerät anschaffen.

Wurftauben

Das Problem des Anfängers beim Wurftaubenschießen besteht vor allem darin, daß er, wenn die Taube nicht getroffen wird, nie sagen kann, wohin er geschossen hat. Jeder andere Schütze sieht den Einschlag des Geschosses in der Scheibe und kann sich danach richten – es sei denn, er hätte eine Fahrkarte geschossen. Der Wurftaubenschütze weiß nur, daß er einen Fehler gemacht hat, doch er weiß nicht, welchen.
Bei einiger Übung ist es jedoch möglich, die Schrotgarbe in der Luft zu verfolgen, wenn man in etwas erhöhter Position hinter dem Schützen steht. Allerdings ist dafür ein gutes Auge, hohe Konzentration und etwas Übung nötig. Dem Schützen ist also sehr viel geholfen, wenn er jemanden findet, der die Fehlschüsse ansagen kann.
Bei Beginn der Übungen sollen die ersten Tauben nicht allzu schwierig, also ziemlich langsam geworfen werden. Bei jeder Schießsportart, in der die Waffe während des Schießens bewegt werden muß, dürfen die entsprechenden Bewegungen zuerst nur ganz langsam und mit Überlegung, dann erst mit zunehmender Geschwindigkeit ausgeführt werden. Jedes Überhasten verursacht Haltungs- und Abzugsfehler, die dann nur schwer auszumerzen sind. Erst wenn der Schütze den Rhythmus des Bewegungsablaufes reibungslos beherrscht, darf die Geschwindigkeit gesteigert werden.
Auch der fortgeschrittene Schütze übt vor dem ersten Schuß einer Serie diese Schwingbewegung.
Für das Trockentraining des Wurftaubenschützen gibt es ebenfalls Möglichkeiten. Die im Handel erhältlichen 4-mm-Trainingsläufe und Spezialscheiben mit dem Symbol einer Wurftaube lassen auf 3 - 5 m Entfernung den scharfen Schuß brauchbar simulieren.

Trainingswaffen

Der Trainingseifer vieler Großkaliberschützen wird oft durch die hohen Munitionskosten gebremst. Naheliegend ist es daher, sich zur Originalwaffe entweder ein *Wechselsystem* für das Kaliber .22 lr. oder eine eigene *Trainingswaffe* anzuschaffen. Die Kosten werden sehr bald durch die billigere Munition eingespart. Eine Trainingswaffe muß der Sportwaffe in Gewicht, Abzugscharakteristik und Handhabung möglichst gleichen. Das Rückstoßverhalten der Trainingswaffen ist jedoch in der Regel von der Wettkampfwaffe sehr verschieden, wenn nicht besondere Vorkehrungen zur Rückstoßverstärkung getroffen sind.
Derzeit werden auch 4-mm-Waffen als Trainingswaffen angepriesen, was aber nicht für jeden Sportschützen das Wahre ist, weil die Patrone nur für kürzere Entfernung reicht und die Präzision nicht immer dem entspricht, was sich der Schütze erwartet.
Seit das Luftgewehr- und Luftpistolenschießen einen sportlichen Aufschwung erlebt hat, sind diese Waffen gleichzeitig als Übungswaffen etwas außer Gebrauch gekommen. Sie haben sich zu eigenständigen Sportgeräten entwickelt. Trotzdem schießen sehr viele KK- und Pistolenschützen in der ruhigen Saison mit *Luftdruckwaffen.*

Bei *Einsteckläufen* wird die Übungsfreude meist dadurch getrübt, daß für die kleinen Patronen eigene Einsteckpatronen benötigt werden, was zusätzliche Manipulation erfordert und den Ladevorgang langwierig gestaltet. Außerdem ist bei Selbstladewaffen wegen des geringen Rückstoßes die Funktion des Selbstlademechanismus aufgehoben, so daß nach jedem Schuß durchgeladen werden muß.

Für *Combatschützen* sind *Plastikpatronen* sehr gut geeignet, die ohne Pulverladung, nur mit der Kraft des Zündhütchens ein leichtes Plastikgeschoß verschießen, das noch dazu ziemlich ungefährlich ist. Bis auf 10 m lassen sich damit einigermaßen gute Treffergebnisse erreichen. Wenn man die Geschosse weich auffängt, sind sie mehrmals zu verwenden; die Patrone kann ohne Spezialwerkzeug wiedergeladen werden. Auch mit diesen Patronen funktioniert der Selbstlademechanismus der Pistole nicht.

Kondition

Jemand, der nur einmal eine Waffe in die Hand nimmt, um einen Schuß abzugeben, kann sich kaum vorstellen, welche körperliche Anstrengung ein Match mit sich bringt, bei dem 60 Schuß verlangt werden. Tatsächlich sind die Anforderungen, die etwa ein Dreistellungskampf an die Kondition des Schützen stellt, sehr hoch, und nur derjenige, der in guter körperlicher Verfassung ist, kann auch auf der Scheibe gute Ergebnisse erzielen.
Sportarten, die die Kondition des Schützen wirkungsvoll unterstützen und fördern, sind Waldläufe, Schwimmen (Atmung), Spiele, die das Bewegungs- und Gleichgewichtsgefühl erhöhen, Skifahren, Tennis, Reiten und überhaupt alles, was dem Schützen Freude macht.
Vor allem für Pistolen- und Bogenschützen erweist sich Krafttraining, das Arm- und Fingermuskeln stärkt, als wertvoll. Handmuskeltrainer, Hanteln, Bleiarmbänder, aber auch isometrisches Training können dazu angewendet werden.
Schließlich noch etwas zum Doping: Beruhigungsmittel und sonstige Medikamente, vor dem Wettkampf eingenommen, verschlechtern unweigerlich die Leistungen des Schützen. Doping verbietet sich daher praktisch von selbst, weil damit keinerlei Leistungssteigerung erreicht werden kann. Sehr oft wird Alkohol als «Zielwasser» gerühmt, weil er die Reflexe verlangsamt und damit Zittern und unkontrollierte Bewegungen unterdrücken soll. Die Erwartungen, die man aber in diese Zielhilfe setzt, werden sicher enttäuscht, abgesehen davon, daß sich schon aus Sicherheitsgründen Alkohol und Schießen ebensowenig vertragen wie Alkohol und Autofahren.
Andere Genußmittel, wie Kaffee, Tee u.dgl., haben ebenfalls schlechte Auswirkungen auf den Schützen, wenn er nicht daran gewöhnt ist. Auch das Rauchen hat auf dem Schießstand nichts zu suchen, nicht nur, weil dadurch die Sehleistung (Augendurchblutung) beeinträchtigt wird, sondern auch, weil es die Nachbarschützen belästigt.

Gesetz und Waffe

Bundesrepublik Deutschland

Im Jahre 1973 wurde das alte und auch unzeitgemäße Reichswaffengesetz von einem neuen Gesetz abgelöst, das aber schon im Jahre 1976 eine Novellierung erforderte.
Die nachfolgende Tabelle zeigt in übersichtlicher Form die Voraussetzungen für Waffenbesitz und Waffenerwerb, geordnet nach Interessentengruppen. Dazu noch einige Erläuterungen:

Waffenbesitzkarte (WBK): wird ohne zeitliche Beschränkung ausgestellt, wenn in der Person des Bewerbers die folgenden Voraussetzungen vorliegen:

1. Vollendung des 18. Lebensjahres

2. Zuverlässigkeit (fehlt insbesonders bei einschlägig Vorbestraften, Entmündigten, Trinkern usw.)

3. Sachkunde. Diese muß der Behörde durch eine Prüfung nachgewiesen werden, entfällt bei Sportschützen, Büchsenmachern, Jägern oder Personen, die im Waffenhandel tätig sind.

4. Körperliche Eignung (Sehkraft etc.).

5. Bedürfnis. Die wohl heikelste und umstrittenste Bestimmung, weil die Beurteilung, ob ein Bedürfnis vorliegt, weitgehend dem Ermessen der Behörde anheimgestellt ist.

Sportschützen sind bei KK-Waffen über 60 cm Länge vom Nachweis eines Bedürfnisses befreit, ebenso Jäger bei Jagdwaffen. Für Faustfeuerwaffen und Großkalibergewehr muß auch der Sportschütze besondere Eignung und Leistungen nachweisen.

Waffenschein: wird auf drei Jahre befristet ausgestellt, berechtigt zum Führen einer Waffe.

Führen: bedeutet, daß der Schütze die Waffe schußbereit (Absicht und Möglichkeit der Benützung) bei sich trägt. Darunter fällt nicht der Transport von und zum Schießstand (Waffe muß entladen sein), und nicht das Mitsichführen auf umfriedeten Grundstücken.

Munitionserwerbsschein: Wer eine Waffenbesitzkarte oder einen Jagdschein besitzt, benötigt zum Erwerb der diesbezüglichen Munition keinen Munitionserwerbsschein. Auch der Erwerb auf dem Schießstand zum direkten Gebrauch ist frei. Für Faustfeuerwaffen ist ein Munitionserwerbsschein erforderlich.

Sprengstofferlaubnisschein: zum Erwerb von losem Schwarzpulver oder sonstigem Schießpulver erforderlich (Wiederlader). Sachkundeprüfung notwendig.

Durch die Gesetzesnovelle 1976 wurden Vorderlader-Mehrschußwaffen (Revolver) waffenbesitzkartenpflichtig, ebenso 4-mm-Waffen. Einschüssige Vorderlader und Luftdruckwaffen mit dem Prüfzeichen «F» im Fünfeck sind weiterhin frei.
Für Berlin gilt noch immer alliiertes Besatzungsrecht, das weitaus strengere Bestimmungen für den Waffenerwerb und Waffenbesitz enthält. Berliner in der BRD unterliegen jedoch dem Waffengesetz.
Abschließend sei darauf hingewiesen, daß Änderungen der Verordnungen, die sich auf das Waffengesetz beziehen, jederzeit erfolgen können und außerdem die Auslegung nicht überall einheitlich ist.

Die auf den Seiten 152 – 155 folgende tabellarische Zusammenstellung wurde uns freundlicherweise von der Firma Eduard Kettner, Köln, zur Verfügung gestellt.

Das Bundes-Waffengesetz

Das seit dem 1. Januar 1973 geltende Bundeswaffengesetz ist inzwischen durch ein Änderungsgesetz modifiziert worden. Einige besonders zu beachtende Punkte sind:

Waffenbesitzkartenpflicht für 4-mm-Waffen (Langwaffen und Faustfeuerwaffen) sowie für Vorderladerwaffen mit Mehrschußeinrichtung (Trommel oder Doppellauf).

Erwerbserlaubnis für den Jäger ist der gültige Jagdschein. Damit kann man Langwaffen, Sportwaffen und die dazugehörige Munition kaufen. (Bitte denken Sie daran, daß Sie diese Waffen innerhalb eines Monats bei der zuständigen Behörde anmelden müssen).

Ausnahme: Für Selbstladewaffen und Faustfeuerwaffen sowie die dazugehörige Munition muß auch der Jäger **vorher** eine **Waffenbesitzkarte mit Erwerbserlaubnis** beantragen (siehe Tabelle). **Anmeldefrist für diese Waffen: zwei Wochen nach dem Erwerb.**

Erwerbserlaubnis für Schützen und andere Waffenkäufer: Waffenbesitzkarte und Munitionserwerbsschein. Diese Scheine müssen vor dem Kauf bei der Behörde beantragt werden, die Bedürfnis, Sachverstand und Zuverlässigkeit prüft.

Ausnahme: Bei Erteilung einer Erwerbserlaubnis für 4-mm-Waffen wird auf eine Bedürfnisprüfung verzichtet.

Schützen lassen sich von ihrem Verein eine Bescheinigung über regelmäßige Teilnahme an den Schießübungen ausstellen, die als Nachweis für Bedürfnis und Sachverstand gilt. Die Behörde trägt die Waffenart, für deren Erwerb die Erlaubnis erteilt wird, in die Waffenbesitzkarte ein. Eine solche Waffenbesitzkarte berechtigt auch zum Munitionserwerb, falls ein entsprechender Vermerk der Behörde eingetragen ist. Der Erwerber hat den Erwerb der Waffe innerhalb von zwei Wochen schriftlich der Behörde anzuzeigen. Der Munitionserwerbsschein wird in der Regel von der Behörde auf eine bestimmte Munition begrenzt.

Begriffe, Abkürzungen, Zeichen*

AN Amtlicher Altersnachweis über die Vollendung des 18. Lebensjahres.

B Bedürfnis für den Waffenbesitz.

Besitz Ausüben der tatsächlichen Gewalt.

Erwerb Kaufen oder Überlassen.

Prüfzeichen der Physikalisch-Technischen Bundesanstalt.

Führen Nicht zu verwechseln mit gebrauchen oder transportieren. Führen heißt: in der Öffentlichkeit bei sich tragen, mit der Absicht und der Möglichkeit der Benutzung.

Führen mit Jagdschein ist nur während der befugten Jagdausübung einschließlich Hin- und Rückweg erlaubt.

JSch Jagdschein während der Dauer seiner Gültigkeit.

Jäger Als Jäger gilt man während der Dauer der Gültigkeit seines Jagdscheines.

MESch Munitionserwerbsschein

PA Personalausweis

Prüfzeichen der Physikalisch-Technischen Bundesanstalt.

S Sachverstand für den Umgang mit der Waffe.

Schütze Schütze im Sinne des Gesetzes ist, wer regelmäßig, mindestens seit 6 Monaten an Vereins-Übungen teilgenommen hat und darüber der Behörde eine Bescheinigung mitbringt.

WBK Waffen-Besitzkarte

WSch Waffenschein

Z Zuverlässigkeit im polizeilichen Sinne.

* zur Tabelle S. 154 und 155

Langwaffen
Waffen mit einer Gesamtlänge von mehr als 60 cm.

Sportwaffen
Tontaubenflinten und Einzellader-KK-Büchsen mit einer Gesamtlänge von mehr als 60 cm.

Selbstladewaffen
Halbautomatische Büchsen und halbautomatische Flinten mit mehr als 2 Patronen im Magazin.

Faustfeuerwaffen
Pistolen – Revolver – Perkussionswaffen mit Trommel.

4-mm-Langwaffen
Waffen mit einer Gesamtlänge von mehr als 60 cm in den Kalibern 4 mm kurz und lang sowie 4 mm M 20

4-mm-Pistolen und Revolver
Kaliber wie oben.

Vorderlader-Waffen
Einläufige Einzellader ohne Trommel.

Druckluftwaffen
Luftgewehre, Luftpistolen mit dem Zeichen

Schreckschußwaffen
Waffen mit dem Zeichen für Platz- oder Gaspatronen

Munition
Flinten- und Büchsenpatronen
Patronen für Faustfeuerwaffen.

Sonstige Munition
z. B. Luftgewehr-Kugeln, Munition 4 mm M 20, Platzpatronen, Gaspatronen

Man benötigt zum	Jäger	Schützen	andere Käufer
Erwerb	JSch	WBK	WKB
Geprüft wird	–	Z	B S Z
Besitz	WBK	WBK	WBK
Führen	JSch*	WSch	WSch
Erwerb	JSch	WBK	WBK
geprüft wird	–	Z	B S Z
Besitz	WBK	WBK	WBK
Führen	JSch*	WSch	WSch
Erwerb	WBK	WBK	WBK
geprüft wird	B	B Z	B S Z
Besitz	WBK	WBK	WBK
Führen	JSch*	WSch	WSch
Erwerb	WBK	WBK	WBK
geprüft wird	B	Z	B S Z
Besitz	WBK	WBK	WBK
Führen	JSch*	WSch	WSch
Erwerb	JSch	WBK	WBK
geprüft wird	–	Z	S Z
Besitz	WBK	WBK	WBK
Führen	JSch*	WSch	WSch
Erwerb	WBK	WBK	WBK
geprüft wird	–	Z	S Z
Besitz	WBK	WBK	WBK
Führen	JSch*	WSch	WSch
Erwerb	AN	AN	AN
Besitz	frei	frei	frei
Führen	JSch*	WSch	WSch
Erwerb	AN	AN	AN
Besitz	frei	frei	frei
Führen	JSch*	WSch	WSch
Erwerb	AN	AN	AN
Besitz	frei	frei	frei
Führen	PA	PA	PA
Erwerb	JSch bzw. WBK	MESch bzw. WBK	MESch bzw. WBK
Besitz	frei	frei	frei
Erwerb	AN	AN	AN
Besitz	frei	frei	frei

Österreich

Das österreichische Waffengesetz aus dem Jahre 1967 hat das ebenfalls dort geltende Reichswaffengesetz abgelöst, geht aber zum Unterschied vom deutschen Waffengesetz ganz andere Wege. Wichtigstes Merkmal dieses sehr liberalen Gesetzes ist der freie und unregistrierte Erwerb von Langwaffen sowie das Recht jedes unbescholtenen Staatsbürgers über 18 Jahre auf Ausstellung einer Waffenbesitzkarte für Faustfeuerwaffen.
Sportschützen sind daher in keiner Weise irgendwelchen Einschränkungen unterworfen.
Nachfolgend auszugsweise die wichtigsten Bestimmungen:

Langwaffen (über 60 cm Länge, Kaliber egal): freier Erwerb für jedermann über 18 Jahren, auch freier Munitionserwerb. Zum Führen dieser Waffen braucht man einen Waffenschein. Jäger dürfen Langwaffen frei führen.

Faustfeuerwaffen (unter 60 cm): Zum Erwerb braucht man eine *Waffenbesitzkarte,* die von der Behörde ohne Bedürfnisprüfung ausgestellt werden muß, wenn der Bewerber über 18 Jahre, österreichischer Staatsbürger, unbescholten und im Vollbesitz seiner geistigen Kräfte ist.

Zum Führen von Faustfeuerwaffen ist ein *Waffenpass* vorgeschrieben, für dessen Ausstellung ein Bedürfnis nachgewiesen werden muß. Dieses Bedürfnis wird jedoch anerkennenswerterweise nicht strenger als nötig geprüft. Der Waffenpass sowie auch die Waffenbesitzkarte werden unbefristet ausgestellt. Auf eine Karte können zumindest zwei Waffen eingetragen werden, darüber hinaus ist ein besonderes Ansuchen erforderlich.

Der *Munitionserwerb* für KK-Munition und Langwaffen ist frei, Faustfeuerwaffenmunition darf nur an Besitzer einer Waffenbesitzkarte oder eines Waffenpasses verkauft werden.

Schweiz

Die Waffengesetzgebung der Schweiz entspricht der langen demokratischen Tradition dieses Landes. Allein das Wehrsystem der Schweiz setzt ja in das Verantwortungsbewußtsein des einzelnen Staatsbürgers großes Vertrauen. Die Tatsache, daß der wehrfähige Schweizer seine Waffe nebst Munition zu Hause aufbewahrt, ist nur in ganz wenigen anderen Ländern denkbar.
Eine genaue Darstellung der waffenrechtlichen Bestimmungen, die in der Schweiz gelten, ist hier leider nicht möglich – bekanntlich kommt der Föderalismus hier sehr stark zum Ausdruck, so daß in den einzelnen Kantonen verschiedene Vorschriften gelten. Wohl haben sich die Kantone zu einem Konkordat über den Handel mit Waffen und Munition zusammengeschlossen, gesamtschweizerische Bestimmungen gibt es aber nur hinsichtlich ausgesprochener Kriegswaffen, die aber für den Sportschützen ohne Bedeutung sind.

Der Erwerb (Ankauf) und der Besitz von *Langwaffen*, die nicht Kriegswaffen sind, unterliegt keinen Beschränkungen, so daß Sportler ihre Sportwaffen, sofern es sich nicht um Faustfeuerwaffen handelt, frei erwerben können.

Für den Erwerb von *Faustfeuerwaffen* ist jedoch ein *Waffenerwerbsschein* erforderlich. Die Voraussetzungen dafür, aber auch, ob mit diesem Schein das Führen dieser Waffen erlaubt ist, wird in den einzelnen Kantonen unterschiedlich gehandhabt. Der Besitz dieser Waffen sowie der Verkauf von privat an privat ist frei.

Register